Refém do MEDO

Copyright© 2020 by Literare Books International.
Todos os direitos desta edição são reservados à Literare Books International.

Presidente:
Mauricio Sita

Vice-presidente:
Alessandra Ksenhuck

Projeto gráfico, capa e diagramação:
Gabriel Uchima

Revisão:
Luciana Mendonça

Diretora de projetos:
Gleide Santos

Diretora executiva:
Julyana Rosa

Diretor de marketing:
Horacio Corral

Relacionamento com o cliente:
Claudia Pires

Impressão:
Editora Evangraf

Dados Internacionais de Catalogação na Publicação (CIP)
(eDOC BRASIL, Belo Horizonte/MG)

L992r Lyra, Suzana.
       Refém do medo / Suzana Lyra. – São Paulo, SP: Literare Books International, 2020.
       14 x 21 cm

       ISBN 978-65-86939-80-4

       1. Literatura de não-ficção. 2. Psicologia. 3. Medo – Aspectos psicológicos. I. Título.
                                                                        CDD 157.3

Elaborado por Maurício Amormino Júnior – CRB6/2422

Literare Books International Ltda.
Rua Antônio Augusto Covello, 472 – Vila Mariana – São Paulo, SP.
CEP 01550-060
Fone: (0**11) 2659-0968
site: www.literarebooks.com.br
e-mail: contato@literarebooks.com.br

Dedico este livro a você, _____.
Com carinho e esperança de que a leitura
seja algo transformador na sua vida.

Agradecimentos

Agradeço a todos os parentes e familiares que sempre estiveram próximo a mim quando eu mais precisava, bem como nos momentos de alegria, compartilhando um pouco de sua vida comigo.

Agradeço também aos pacientes que me incentivaram e me tornaram a profissional que hoje sou, me inspirando a sempre ir além das práticas, buscando os livros, artigos científicos para compreender melhor a área que decidi abraçar.

Agradeço ao grande responsável pelo meu sucesso, por eu estar aqui, hoje, escrevendo este livro: Deus! Você é simplesmente maravilhoso.

Fico muito feliz em participar um pouco da vida de cada um de vocês e imensamente grata por vocês fazerem parte da minha.

Suzana Lyra

Neste livro você vai interagir, lendo e fazendo alguns exercícios. Terá partes exclusivas para anotações. Responda sempre com o máximo de sinceridade possível, sem bloqueios, sem medos, sem julgamentos e sem pensar duas vezes. Seja você! Descubra-se, desnude-se! Solte-se! Jogue-se! Liberte-se!

Responda com responsabilidade!

Boa sorte!

Sumário

E aí, você tem medo de quê? 9

Introdução 11

1. Afinal, por que razão sentimos medo? 17

2. Conhecendo melhor a si 25

3. O medo na crise 47

4. Reconhecendo erros 55

5. Lidando com as frustrações 63

6. Fragmentar para compreender melhor 67

7. Buscando ajuda 73

8. Fazendo escolhas 79

9. O medo de assumir responsabilidades 85

    9.1. A fase do "Pode Ser", "Talvez", "Vamos Ver" e "Hum Rum" 87

10. O medo nas diversas patologias 91

    10.1. O medo do hipocondríaco 93

    10.2. O Paciente no TOC – Excesso de controle ou falta dele? 100

    10.3. A Síndrome do Pânico e o medo sufocante 108

    10.4. Transtorno de Ansiedade – O medo do futuro 110

    10.5. O medo de envelhecer – O fantasma da demência 112

10.6. Fobias - Identificando e sabendo lidar com elas 118

10.7. TEPT — Transtorno de Estresse Pós-Traumático 121

10.8. A Depressão e o medo 124

10.9. O Histriônico — O teatro no comportamento e a dor interna 126

10.10. Borderline — Fazendo dramas para se esconder ou
desejo de se mostrar? 129

10.11. Transtornos Alimentares — O que está por trás da comida? 137

11. O medo do medo 149

12. O medo de falar o que sente e os sentimentos silenciosos que surgem 157

13. Encontros e desencontros na relação 169

13.1. Traição, ciúme e medo 178

14. A mudança comportamental - o (re)começo 187

15. Enfrentando e vencendo o medo 197

Palavra final 201

Referências 203

E aí, você tem medo de quê?

Comece a escrever aqui quais são seus medos. Deixe fluir! Não vamos falar sobre o que motivou, apenas faça uma relação, não tenha vergonha e, ao final da leitura deste livro, você fará a mesma relação e vai verificar se sua lista anterior diminuiu ou melhorou (ou se piorou. Afinal, começou a se conhecer melhor). Em seguida, faça uma marca (✓) nos medos que você acredita, de fato, que consegue controlar ou mudar, e não marque aqueles que você acredita que estejam fora do seu alcance. Aqueles em que não há como ter a sua interferência. Lembre-se de que estamos falando de medo e não de gosto ou desejo.

Boa sorte!

Refém do medo

Medos	Capacidade de mudar, melhorar
_____	☐
_____	☐
_____	☐
_____	☐
_____	☐
_____	☐
_____	☐
_____	☐

Introdução

> "É na crise que nascem as invenções,
> os descobrimentos e as grandes estratégias.
> Quem supera a crise, supera a si mesmo."
> (Albert Einstein)

Comecei a escrever este livro em 14/01/2019, sentada em um banco de uma delegacia enquanto aguardava minha filha fazer um boletim de ocorrência, com uma amiga, devido ao furto de seus aparelhos celulares que ocorreu dentro de um *Lounge Premium* de uma festa para jovens, muito conhecida em Salvador.

Enquanto isso, eu conversava com um, com outro, escutava suas queixas e seus medos. Passavam diversas pessoas por mim, indo e vindo. Eram olhares curiosos, atentos, nervosos, desolados, revoltados, medrosos, enfim, simplesmente uma enxurrada de emoções... Um laboratório ao vivo (e bem vivo) ali, diante de mim.

Refém do medo

Pensei: é agora que vou dar o pontapé inicial, afinal é um ambiente que me deixa tensa, nervosa, com medo do desconhecido. Não sou da área jurídica, mas da área da saúde e talvez essa insegurança se transforme em medo paralisante, mas nesse momento, pasme, estava super tranquila, aqui, debruçada sobre folhas que rasguei da agenda anterior (2018), pois me conheço e sei que um tempinho livre (seja qual for), e um pouco de inspiração são uma combinação perfeita, mágica! Sempre tenho papel e caneta por perto!

Comecei a conversar com mãe e filha que estavam à minha esquerda, eram turistas (falavam espanhol ou castelhano – não sei) e estavam ali para retirar uma queixa, isso mesmo, retirar. Não se abriram muito, também não quis "puxar papo", preferi respeitar aquele momento delas, que conversavam entre si de forma tão rápida que eu não conseguia entender nada.

Já à minha direita, uma moça sentada, com voz trêmula, lágrimas nos olhos, começou a falar comigo e perguntei o que estava fazendo ali (eu e minha "mania" de querer ajudar o outro e conversar, assim o tempo passa mais rápido). Perguntei se era também devido ao furto de celular. Ela disse que não. Era algo litigioso. Pensei: Briga entre marido e mulher. Quebrei a cara – era problema com a vizinha que ocupava a garagem dela e não permitia tirar o carro para que essa moça pudesse colocar o dela. Algo óbvio, até então. Se a vaga era dela, nada mais justo que colocar na vaga (que é sua), seu carro! Mas, infelizmente, não era tão simples assim.

Ela me relatou que não estava dormindo, estava de férias, com os nervos à flor da pele. Sua vizinha partiu para a agressividade, riscou todo o seu carro, publicou algo do grupo do *WhatsApp* ameaçando-a e informou que a polícia já havia ido até lá, mas não tinha conseguido muitas coisas.

Quando me apresentei como Neuropsicóloga, ela já queria ali uma consulta. Dei meu contato (afinal, qualquer momento é importante para estabelecer *network* para uma possibilidade de trabalho e para ajudar alguém que precise). Continuei a ouvi-la.

Ela falava com voz hesitante, altamente amedrontada com o ocorrido e preocupada com a preservação de sua vida e do seu esposo. Resultado: o marido e ela estavam alugando um apartamento próximo e deixando sua casa problemática lá, fechada sem saber o que iriam fazer ainda com ela.

O medo a transformou, mas não a paralisou. Apesar de saber que não era justo o que estava acontecendo, simplesmente ela promoveu um novo rumo a sua vida, dando um basta ao tormento que estava vivenciando (como profissional posso afirmar que ainda viverá por um bom tempo, pois se trata de um processo de amadurecimento emocional e pessoal, além de um trauma com nível de estressor elevado). Ela decidiu continuar sua vida e a viver. Fez escolhas importantes. Ela não desistiu. Afinal, estava na delegacia para dar continuidade àquela ação!

Ela se empoderou (não importa como, quem, nem em que circunstância a fizeram se empoderar)! Algo a impulsionou a tomar essa decisão com seu esposo.

Bem, saí da Delegacia por volta das 11 horas, fui almoçar e tive que acompanhar minha filha em um procedimento cirúrgico às 13 horas. Segui para o Hospital.

Pensei comigo: mais tarde volto a escrever. Até tirei as folhas da bolsa, coloquei sobre a mesa, mas as deixei ali. Entre um café e outro enquanto aguardava o internamento, escolhi ficar ali conversando com ela, passar tranquilidade, afinal ela iria para o centro cirúrgico, mas acredite, a tentativa era enorme, porque por dentro eu era um poço de medo, de insegurança, afinal seria submetida à anestesia geral e, como profissional da área da saúde, sabia dos riscos. E cá pra nós, às vezes é melhor ser leigo em determinadas situações. Sofremos menos...

Chegou a hora de ir para o quarto. Eu meio atrapalhada falava coisas, ia no posto de enfermagem para saber do procedimento (Jesus! Minha filha não terá um neném, mas meu jeito era de quem ia ser avó... uma mistura de sentimentos de alegria e medo). Mas não tinha alegria, eu diria que, talvez, alívio por estar ali para resolver um problema de saúde! Ela foi para o centro cirúrgico e fui rezar o terço para poder me acalmar.

Nesse momento, a insegurança e o medo já estavam tomando conta de meus pensamentos. Por mais que eu não os quisesse permeando minha mente, eles estavam ali marcando presença. Adotei essa estratégia de rezar o terço, pois além de me acalmar por eu estar mudando o foco, eu a entregava nas mãos de Deus e demonstrava a minha confiança e fé.

Estava tão agoniada que me perdia nos dedos na Ave-Maria (eu não levei o terço), rezava contando na mão.

Como perceberam, sou NORMAL, tenho medo assim como você, a moça da delegacia e garanto que a médica que estava lá no centro cirúrgico também!

E, sinceramente, o pior de todos os meus medos é não conseguir concluir este livro, estou há um ano escrevendo, pouco a pouco, cada página, pois estou fazendo mil coisas ao mesmo tempo: concluindo uma terceira graduação, fazendo mais uma especialização na área da saúde, atendendo em dois consultórios, fazendo trabalho de conclusão de curso, relatórios de pacientes, tendo que atender aos apelos e coisas de casa (leia-se também marido, filhos, cachorro, minha secretária), aos parentes e amigos um pouco de atenção e, claro, sem esquecer de meu lazer e cuidados com minha saúde!

Que horas eu durmo? Quando sinto sono e quando dá para dormir. Na hora que o medo vem, eu digo: calma aí... fique quietinho porque hoje não tenho tempo para você. E simplesmente sigo em frente. Se eu parar é pior.

Refém do medo

Essa é uma das minhas facetas, técnicas, para lidar com o medo. Nem sempre é assim. Algumas vezes estou mais insegura, instável e ele se aproveita desse meu estado para impor a sua força e domínio.

E afinal, o que fazemos com o medo? Vencemos ou convivemos com ele?

A esperança e a fé devem ser maiores que o medo! Vamos lembrar disso!!

Capítulo 1

Afinal, por que razão sentimos medo?

> O medo não está nas coisas, mas em nós.

É comum as pessoas relatarem que sentem MEDO, e isso é altamente saudável. Sentir medo também é algo positivo para as questões psiquiátricas e psicológicas. Nada em excesso, é claro! No entanto, na maioria das vezes não sabemos como lidar com o medo.

Alguns sentimentos como angústia, frustração, depressão, ansiedade decorrem do medo. Nós criamos nossos próprios monstros! Alguns maiores, outros menores, mas são monstros e não existem monstros bonzinhos ou bonitos, só em contos de fadas para florear um pouco e fazer par romântico!

É preciso mudar as reações diante dos obstáculos para poder enfrentá-los com mais segurança e, assim, assumir o controle da sua vida e aproveitar com mais qualidade e entusiasmo as oportunidades que surgirão à frente.

Todos nós sabemos que o medo é uma emoção natural e involuntária e é necessário para que se possa sobreviver. O medo é inato (instinto primitivo). O cérebro é ativado com substâncias estimulantes que podem causar taquicardia, sudorese, respiração ofegante, que chamamos de reação de luta e fuga. A região cerebral responsável por isso chama-se amígdala, que é uma área responsável pela tomada de decisões e geração de emoções.

Quando o medo é persistente, deixa de ser algo salutar e passa a ser patológico, se tornando um problema de saúde mental. Saber lidar e controlar o medo não é uma tarefa muito fácil para quem o está vivenciando, apesar de ter consciência de que é preciso "domá-lo".

O importante no quesito medo não é a forma em si, mas a intensidade e valor que damos a ele. É preciso, como em tudo na vida, observarmos como reagimos diante de uma situação que nos causa desconforto. Quanto de valor (valorização) damos a tal ato.

No momento em que nos percebemos em uma situação desconfortável, que, no mínimo, nos causa insegurança, desconfiança, ou vai de encontro a um pensamento que acreditamos ser verdadeiro ou correto, a atitude imediata é a de defesa. Ou seja, a mensagem que chega ao cérebro é: "preciso reagir".

A reação ocorre de acordo com cada um, como o indivíduo percebe a situação, se vê implicado nela, o quanto de intensidade dá, se há uma necessidade de chamar a atenção, verificar a situação profissional, emocional e física, que passa naquele momento de sua vida, e diversos outros fatores.

É preciso ter consciência de como reage a determinadas situações desconfortáveis e compreender as reações que você expressa diante de cada uma. Quando se faz a pergunta: "o que de fato eu quero com isso?", fica mais clara a compreensão da reação.

O medo vai ser intensificado se você o alimentar, mesmo que tenha passado por momentos de estresse ou traumas. Tudo é questão de tempo, visão e consciência.

O corpo reage e se expressa o tempo todo. Se você come algo azedo, sua reação será imediata, provavelmente retrairá os lábios, fechará os olhos ou irá franzir o nariz. Se alguém observar sua reação, notará algo diferente, mesmo sem você falar uma única palavra. Se você continuar comendo coisas azedas, seu corpo irá entrar, em um momento, no que se chama de acomodação. Isso quer dizer que seu cérebro compreendeu que, apesar de ser azedo, é suportável. Por isso tem pessoas que tomam café sem açúcar, suco de limão sem adoçar, e se acostumaram a isso. Quando, em uma outra ocasião, for tomar um café ou suco de limão adoçados, sentirá a diferença e o corpo fará a mesma reação de rejeição, dessa vez por estar doce demais. Assim acontece com o medo. Se ficar o alimentando com intensidade nas reações, o cérebro vai entender que aquilo é "normal" e manterá o indivíduo naquela situação de alerta ou apatia. Geralmente é alerta. Apatia é uma reação posterior ao estresse causada pela hipervigilância do medo. Vale ressaltar que esse estado de apatia, é manifestado por uma parcela pequena de indivíduos.

É preciso "enganar" o cérebro, fazer determinados cortes nos pensamentos e com isso modificar o comportamento. Saiba que não é fácil, mas também não é impossível. O primeiro passo precisa ser dado, se deseja melhorar!

Quando começa a olhar mais para si, analisando suas atitudes, observando um pouco mais o que o outro fala sobre seu comportamento e admitindo que em alguns (ou em todos) os momentos, o outro está certo, não tem motivo para não começar a desejar essa mudança.

O medo também é uma produção da nossa mente e com isso precisamos ter muito cuidado quando começamos a enxergar determinados problemas.

Pensamos e agimos de acordo com nossas convicções, nosso senso de utilidade, nossas experiências, identificando o quanto de relevância damos a cada ação ou posicionamento comportamental diante de cada situação vivenciada. Dessa forma, será balizado o enfrentamento do medo em cada cenário.

Essas etapas que irão compor as atitudes comportamentais serão importantes para dar ao indivíduo estabilidade emocional e fazer com que ele consiga elaborar planos, onde apresenta aspectos positivos e assertivos, demonstrando dominância, constância nas ações que nortearão suas características comportamentais.

A partir daí, o indivíduo se moverá para enfrentar ou recuar diante do sentimento de incertezas que o medo lhe proporcionou.

É preciso reconhecer esse cenário e analisar como está percebendo cada situação. Costumo dizer que muitas vezes utilizamos o binóculo! Isso mesmo, de repente o fato fica com visão distorcida, com um aumento de volume não real. Com isso, o medo pode tomar proporções maiores e de forma insuportável, onde o indivíduo pode se sentir pressionado por ele mesmo, e não suportar tal carga de estresse e sofrer não só física, mas emocionalmente, podendo levar a um colapso psíquico. E lógico, não é isso que queremos.

Existem vários tipos de pessoas com comportamentos disfuncionais, que vivem em sofrimento, como é o caso dos Histriônicos, pessoas que demonstram exagero nas reações emocionais (teatralidade), podendo levar à conversão de conflitos psíquicos em sintomas físicos. Muitas vezes, o medo nesse tipo de indivíduo pode ter um peso muito maior do que naqueles que são mais ponderados. Acontece da mesma forma quem sofre da Síndrome do Pânico ou TEPT (Transtorno de Estresse Pós-Traumático). Falarei deles em um capítulo específico.

Por essa razão, é preciso conhecer primeiro a si, depois compreender o que causou e quanto cada um valoriza esse medo. A valorização do medo pode fazer diferença na sua vida.

Refém do medo

Vou abrir um espaço aqui e relatar um pouco da minha vida profissional para vocês. Não pensem que as coisas sempre foram muito fáceis para mim e que as consegui porque ganhei de alguém ou foram de forma simplificada. Mas foram recheadas de dúvidas, receios e medos. E, por que sempre deram certo? Simples: sempre acreditei em mim e no meu potencial.

Quando resolvi abrir minha primeira empresa, não recebi apoio de quem eu esperava, eu só escutava: "não vai dar certo"; "tire isso da sua cabeça", "você não tem condição". Eu comecei a ficar estremecida com tudo isso, mas dentro de mim tinha uma força muito maior, eu sabia que eu era capaz e que não sentia a menor vergonha se, por acaso, eu precisasse arregaçar as mangas e colocar a mão na massa. Eu faria isso sem receio algum e em qualquer tempo. Não iria abrir nada em um ramo desconhecido, mas algo em que eu era capaz e detinha conhecimento. Isso mesmo, conhecimento! Essa palavrinha é muito especial, com ela atravessamos montanhas! O conhecimento é o primeiro passo, é o suporte, a base, serve de lastro emocional para confiar mais em você e seguir no seu propósito.

Se eu desse realmente valor a essas palavras que me eram ditas, eu não teria aberto a minha primeira empresa ou simplesmente teria dado errado. Assumi riscos. Esse é o segundo passo para enfrentamento do medo. Devemos estar preparados para os riscos do negócio, da situação. É o que chamo também de consequências. As consequências podem ser positivas ou negativas, podem afundar você ou abrir caminhos. O importante é tirar proveito de ambas.

Os riscos e consequências fazem parte do medo. Alguns já notam essa combinação atrelada ao seu negócio (ou situação) e assim minimizam o impacto negativo. Como é o caso dos desbravadores, dos esportistas radicais que gostam de sentir a adrenalina (um hormônio natural produzido pelo organismo), percorrer seu corpo. Sentem-se motivados e o medo ali é controlado sob forma de alerta e euforia ao mesmo tempo, com isso o esportista consegue delinear seus planos de ação e o que precisa realizar com a certeza de que dará certo. Se acaso esse esportista não tiver confiança nele, nem no que está fazendo, o fracasso da operação será uma linha reta e direta. A possibilidade de dar errado será enorme.

Por essa razão, eu não dei ouvidos ao que as pessoas falavam, (e saibam que até hoje acontece isso comigo – pessoas desejam que eu desacredite da possibilidade de negócio ou que eu não prossiga com o propósito). Entendam uma coisa: o medo nessa situação é delas e não meu! Entenderam a diferença? Como essas pessoas não têm o costume de arriscar ou não confiam o suficiente nelas próprias, passam para o outro e, com isso, minam a autoconfiança de quem escuta. Falarei mais sobre isso adiante.

Se der certo, ótimo. Se der errado, aprenda. Não se lamente. O importante é não se sentir paralisado. É preciso sair da zona de conforto e ir em frente!

Refém do medo

Lembre-se destes passos importantes para começar a compreender o medo:

- Conhecimento.
- Assumir riscos e consequências.

Nos exercícios descritos no próximo capítulo, conseguirá quantificar as emoções, perceber as suas reações e, com isso, melhorar o controle do comportamento. Será a primeira técnica para introduzi-lo(a) no combate e controle do medo, a partir do autoconhecimento.

> **"Aquele que não tem coragem de assumir riscos não alcançará nada na vida."**
> **(Muhammad Ali)**

Capítulo 2

Conhecendo melhor a si

> "O que há mais difícil neste mundo
> é o homem conhecer a si mesmo."
> **(Tales de Mileto)**

A primeira coisa que precisamos fazer é conhecer melhor a nós mesmos, entender nossas emoções, o que nos faz perder o equilíbrio, ultrapassar nossos limites, tomar decisões, agir em alguns momentos de maneira irracional, o que nos influencia a ponto de vivenciar momentos de raiva intensa, tristeza, dúvida, alegria, amor etc.

Temos que entender que precisamos nos sentir bem e que esse "sentir bem" não corresponde a uma roupa, um carro, um emprego, mas está dentro, surge no brilho do olhar, no sorriso largo, na paz de espírito, na vontade de desejar o bem ao outro.

Quanto mais nos conhecemos, melhoramos nosso comportamento, pois modificamos a maneira de pensar e, com isso, nosso posicionamento diante da outra pessoa ou grupo de pessoas também é modificado.

Ter pensamentos positivos, ser otimista e demostrar comportamento assertivo alimentam a chance de elevar a autoestima e, assim, motivar você a fazer uma busca interior com mais confiança.

Quando começar a modificar o que você pensa e como pensa, já é de grande valia, pois estará atrelando emoções, sentimentos e uma gama de coisas que fez (ou ainda faz) parte da sua vida. Feito isso, automaticamente, o cérebro entende que é preciso mudar para que se atinja aquele objetivo. Assim, a alteração comportamental irá acontecer.

Quanto mais rápido e eficiente for para entender o processo de mudança e tornar consciente cada ato, melhor e maior será a chance de atingir a meta esperada.

O segredo para dar certo é a repetição, afinal aprendizagem se dá dessa forma! É importante manter os pensamentos positivos, pois eles vão impulsionar você a se conhecer melhor, vão fortalecê-lo para lidar com aquele problema que insiste em colocar embaixo do tapete há anos e não quer enfrentar por medo, insegurança ou vergonha.

Acredite no potencial que há dentro de você. Todos nós temos esse reservatório, mas, infelizmente, por "n" motivos ele não é acessado, passando despercebido, ou é encontrado, mas existem questões impeditivas, sejam elas emocionais, religiosas, sociais, familiares etc.

Uma das questões importantes nesse processo de autoconhecimento é tornar consciente suas ações perante o medo. É preciso fazer alguns questionamentos como, por exemplo:

- Quais os estímulos que são disparados? Aqueles que me fazem sentir medo?
- Como eu reajo? Qual o meu comportamento diante da situação?
- Quais as consequências que tenho diante dessa reação? Eu me transformo emocionalmente? Chego a ser agressivo(a)? Fico paralisado(a)?
- O que faço para obter meu ponto de equilíbrio de volta? Em que eu foco? O que faço para aliviar esse sentimento/emoção que desequilibrou ou me causou um estresse?
- Existe risco iminente de morte com a minha reação?

Temos que entender que o medo é importante para a nossa sobrevivência e todos nós o temos. Não é algo desconhecido nem de outro mundo.

O medo existe e é produzido na nossa mente. É preciso identificar como cada um reage diante do medo e saber que varia de pessoa para pessoa, das circunstâncias que cada um viveu suas experiências, da saúde física e condições psicológicas de cada indivíduo, da segurança pública da região que se encontra, dentre outros aspectos.

Um fator muito comum do medo é condição de aceitação do erro. Muitas pessoas têm medo de errar, muitas vezes também por falta de confiança em si, no seu conhecimento, na sua condição física, no seu potencial, no seu estado psicológico, entre outras questões.

Deve-se entender que é preciso permitir erros, pois são eles que vão dar coragem para enfrentar outras situações, similares ou não, vão permitir arriscar e, com isso, acreditar mais em você mesmo(a) e na situação que ora vivencia.

É preciso ter coragem para confiar. Isso não é tarefa fácil. Roberto Shinyashiki já dizia que a confiança é a melhor vacina contra a insegurança e as preocupações. Ele afirma que o mundo está tomado pelo medo e que viver assustado passou a ser um estilo de vida. Está certíssimo! Enquanto não confiarmos nos nossos instintos, na voz que vem do coração, aquela que nos impulsiona a seguir, estamos fadados ao medo e fazendo parte desse mundo caótico e medroso que aflige a muitos.

É preciso saber quem você é e o que você quer.

Pensar que nada vai poder acontecer com você ou atingi-lo é o primeiro erro a ser cometido, pois TUDO pode acontecer! Por um simples motivo: você está vivo e lidando com pessoas e ambientes diferentes todos os dias. Você não está vegetando dentro de uma bolha, ligado a aparelhos para sobreviver. Então, comece quebrando esse paradigma de que as coisas ruins ou boas não chegarão até você. Saiba que você ou familiar próximo pode ser acometido por uma doença crônica ou que não tenha cura, que um carro invada a contramão e acerte o veículo em que vocês estiverem, causando uma dor lasciva tanto física quanto emocional ou ainda ser acometido de grande alegria por ter conquistado uma promoção, fechado algum contrato grande tão esperado, ganhado na loteria ou ver a alegria de um familiar conquistar algo de sucesso. Acredite, tudo pode acontecer contigo! Você, nem ninguém está livre ou impedido disso.

Engana-se quem pensa que o medo só está presente nas coisas ruins. Ele, na maioria das vezes, consegue paralisar mais o indivíduo que é inseguro e está em situação mais crítica de vulnerabilidade seja financeira, mental ou física. O medo muitas vezes chega de maneira sorrateira, bem devagar e cabe a nós dar espaço a ele crescer ou não dentro de cada um. Outra forma simples é perguntar a si: que provas eu tenho de que isso realmente é real, ou que irá acontecer?

Nesse momento, tenha certeza que você começa a enfrentar a primeira situação difícil que o medo lhe impõe.

Enfrentar o medo significa se conhecer mais e, com isso, confiar mais em si.

Admiro a letra da música "Mais Uma Vez" de Renato Russo, que diz:

Refém do medo

> **Nunca deixe que lhe digam que não vale a pena acreditar no sonho que se tem, ou que seus planos nunca vão dar certo, ou que você nunca vai ser alguém. Tem gente que machuca os outros, tem gente que não sabe amar, tem gente enganando a gente.**

Não permita que as preocupações paralisem as suas emoções, seus sonhos e suas ações. Muitas vezes, uma simples frase pode construir ou destruir um sujeito. Pode colocá-lo para cima, animá-lo, aliviando-o ou o deixando inseguro, indeciso, apático, depressivo e desanimado para continuar a escrever sua história, deixar de compor seus sonhos, vivenciar seus desejos, suas aventuras.

O medo é paralisante. Vou contar uma história que ouvi há muitos anos e a replicava em treinamentos motivacionais e palestras que eu dava. Talvez você já a conheça, mas é interessante reler, se for o caso.

Era uma vez uma cidade de sapos que realizava competições e uma delas era para que os sapos subissem em uma torre muito alta, devendo se tornar o vencedor aquele sapo que chegasse ao topo. Começou a competição. Vários sapos se posicionaram na base da torre e outros ficavam ali observando, gritando, comentando com outros sapos suas opiniões. Alguns chegavam à metade e escorregavam e voltavam a subir.

Nisso, a multidão de sapos ficava preocupada e começava a falar que não iam conseguir, pois a torre era alta demais, não tinha como eles alcançarem o topo. De sapo em sapo, iam desistindo e a competição foi quase cancelada quando, de repente, eis que surge um dentre aqueles que ainda buscavam subir e rapidamente alcançou o topo.

E aí se formou a intriga e curiosidade: como é que apenas aquele sapo conseguiu subir? Uns diziam que era malandragem, outros diziam que ele tinha proteção nas patas e, de repente, o único amigo desse sapo se aproximou do grupo e disse: não é nada disso, ele é surdo e, com isso, não se importou com o que vocês diziam. Ele estava ali para cumprir um objetivo e conseguiu.

O que aprendemos com isso?

Escreva neste espaço o que pensa sobre essa história. O que ela traz de ensinamento para você?

_____
_____
_____
_____
_____

Para mim, essa história retrata que não devemos dar importância a pessoas/pensamentos negativos, porque tiram nosso foco, minam nossa energia, nos deixam para baixo. Palavras têm poder. Elas afetam nossas ações. Por essa razão, devemos ser positivos, nos tornar surdos de vez em quando faz bem. Você pode, basta acreditar no seu potencial.

As pessoas pessimistas têm prazer e uma necessidade imensa e intensa de despejar seus augúrios sobre as pessoas ao seu redor, pois geralmente carregam dentro de si a inveja e ver uma pessoa levando uma vida satisfatória, equilibrada emocional e financeiramente, com sorriso nos lábios, provoca uma irritabilidade muito grande, uma dor incomensurável, e a única saída e satisfação para diminuir e diluir esse sofrimento é atingindo o outro, justamente essa pessoa que está "feliz" aos olhos do pessimista/negativista.

Não podemos simplesmente discriminar essa pessoa, pois ela necessita de ajuda profissional, primeiramente de um olhar psicoterápico para entender seu mundo, sua história de vida, buscar e compreender o que disparou todo esse olhar negativo sobre a vida e o que isso representa para ela, que reforço comportamental está por detrás dessa conduta? O que ela ganha com isso? Você, certamente, já deve ter tido contato com alguém assim.

Os pensamentos são bem produtivos e nefastos, a possibilidade de sucesso bate à porta dela, mas não consegue enxergar, ou não permite, pois, às vezes, essa condição que ela mesma se colocou lhe é satisfatória. Uma "arma secreta" que essas pessoas carregam é o momento "do bote". Geralmente, escolhem pessoas com dúvidas, sem saber o que desejam realizar e inseguras, com alta possibilidade de serem influenciadas.

Essas pessoas são presas fáceis para os pessimistas. Então, fique em alerta! Como relatei antes, estamos propensos a tudo. Tenha certeza de que para a pessoa com olhar negativo, várias oportunidades boas bateram à porta e ela não abriu.

Costumo dizer que se você não se sente bem ao lado dessa pessoa pessimista, é hora de se afastar, pois o que muito a irrita é o seu sucesso, o seu sorriso fácil estampado no seu rosto, é a sua forma alegre e dinâmica de viver, ou seja, tudo o que ela não consegue ter. Então, a possibilidade de ela ficar extremamente irritada, amargurada, é muito grande. E ela irá atacar, pois essa é a sua arma, é assim que ela tem "prazer", quanto mais irritá-lo, mais essa pessoa se sentirá "poderosa". Esse é o pensamento nefasto do pessimista. Deixe que um profissional da saúde mental exerça seu papel junto a essa pessoa. Sabendo que, na maioria das vezes, ela não aceita ajuda, não se vê doente, e melhorar é a única coisa que ela não quer, pois irá retirar dela a coisa mais importante: o prazer de importunar o outro, o feliz. Esse prazer é algo sublime para o pessimista. Ele se alimenta e retroalimenta com os comportamentos sádicos, sentindo prazer em ver o outro sofrer. Por essa razão, afaste-se dessas pessoas, não se permita contaminar e ser presa fácil. Elas podem fazer disseminar o medo ainda mais em você. E, com isso, se tornará vulnerável, enfraquecendo-se, tornando-se inseguro(a), e irá se afastar de você mesmo(a), cunhando muralhas ao seu redor, criando crenças irreais, podendo até chegar a um quadro paranoico ou psicótico, evoluir com transtornos mentais severos, a ponto de ser submetido(a) a tratamento com psicofármacos.

Nossa mente tem poder, assim os pensamentos negativos ou positivos também têm e são "criados" e disseminados no terreno mais fértil. Lembre-se: o mais importante e libertador não é o que acontece com você, mas como você reage a isso. Seus pensamentos e sentimentos antecedem suas ações. As crenças que construímos podem destruir ou não nossos sonhos.

Vamos fazer um exercício agora. Esse modelo é bem parecido com uma Técnica de TCC (Terapia Cognitiva-Comportamental), chamada de RPD (Registro de Pensamento Disfuncional), aqui um pouco adaptada para o momento. Pegue um papel e uma caneta ou, se desejar, escreva no espaço destinado a seguir de cada item e liste. Veja o exemplo e execute depois.

1. **Situação:** estou com medo de perder o emprego.
2. **Sentimentos/emoções:** Ansiedade, Angústia, Irritabilidade, Apatia e Insegurança.
3. **Quantificação das Emoções (% ou de 1 a 10):** Ansiedade (95% - 9), Angústia (80% - 8), Irritabilidade (99% -9), Apatia (80% - 8), Insegurança (90% - 9).

4. **Crenças:** as pessoas estão me olhando diferente, não estão me dando o serviço que, de fato, posso executar, me deixam à parte das decisões.

5. **Ações Assertivas:** irei questionar com as fontes. Verificar se essas situações são criadas por mim ou se de fato existem e como eu as percebo, e quanto eu sou responsável por isso.

6. **Quantificação das Emoções após Ações Assertivas (%) ou de 1 a 10:** Ansiedade (50% -5), Angústia (40% - 4), Irritabilidade (20% - 2), Apatia (10% - 1), Insegurança (20% - 2).

7. **O que tiro de Exemplo:** muitas vezes, crio situações e as alimento. Enquanto eu não for conversar com a fonte estressora (o que/quem me causa esse comportamento e gera essas emoções), não consigo me tranquilizar. Após contato, notei que minhas emoções negativas melhoraram e me tranquilizei. Eu me senti mais confiante.

Agora é a sua vez de fazer os exercícios!

Situação: o que está acontecendo com você?
Quais seus medos, suas preocupações, suas incertezas?
_____
_____

_____
_____
_____
_____
_____

Sentimentos/Emoções: quais os sentimentos e emoções que despertam em você? Aqueles que são projetados pelas ações.

_____
_____
_____
_____
_____

Quantificação/Intensidade: quantifique as emoções, dê uma escala de 1 a 10, sendo 1 muito fraco e 10 muito forte. Ou se preferir, quantifique em porcentagem (%). Seja o(a) mais sincero(a) possível!

_____
_____
_____
_____
_____

Crenças: no que penso e de fato está ocorrendo?

_____
_____
_____
_____
_____

Ações Assertivas: o que posso fazer de fato para elucidar esses pensamentos que estou tendo? O que me dá a certeza de que isso realmente irá acontecer?

_____
_____
_____
_____
_____

Quantificação das Emoções após Ações Assertivas - (%) ou de 1 a 10: quantifique as emoções, dê uma escala de 1 a 10, sendo 1 muito fraco e 10 muito forte. Ou se preferir, quantifique em porcentagem (%).

_____
_____
_____
_____

Exemplo: o que tiro de exemplo com esse meu comportamento tanto inicial quanto final?

_____
_____
_____
_____
_____
_____

Caso tenha dificuldades, pode adotar modelo menos detalhista, anote apenas o que você percebe de fato em uma esfera macro e pontue as emoções. Exemplo:

Situação	Sentimentos / emoções	Crenças	Ação assertiva
Tenho medo de perder o emprego.	Insegurança 9 ou 90%.	Não me envolvem nas tarefas diárias.	Conversar com o grupo e saber o que está acontecendo.
Não sei se escolho fazer vestibular para Direito ou Arquitetura.	Baixa autoestima 7 ou 70%.	Sou incapaz de decidir, sou um inútil. Não tenho capacidade.	Fazer psicoterapia para melhorar minha autoestima e confiança. Fazer teste de Orientação Vocacional.
Ciúme exagerado.	Agressividade 8 ou 80%.	Ele(a) está me traindo com outra pessoa. Chega tarde em casa.	Ouvir a outra parte sem críticas ou julgamentos. Se for verdade, entender o processo e se valorizar.

Escala da Intensidade: Extrema – 10; Intensa – 9 e 8; Alerta – 7 e 6; Média 5 e 4; Baixa – 3 e 2; Baixíssima – 1.

Pare a leitura aqui e faça o exercício. Só retorne quando acabar de listar.

No nosso cérebro tem uma área chamada Sistema Límbico que processa as emoções e sentimentos e é responsável pelo comportamento social. Todo o conteúdo afetivo e sensitivo-sensorial forma estímulos, é registrado e produz uma resposta emocional consciente.

Dessa forma, precisamos ficar atentos ao que é apresentado como comportamento disfuncional e avaliar se é algo de comprometimento cerebral ou apenas comportamento de reprodução (eu vejo e reproduzo por algum motivo o que me chamou a atenção). Essa etapa de autoconhecimento é crucial para entender o comportamento que adotamos frente à cada situação que nos deparamos.

É preciso, ao decidir se conhecer, olhar para si, ter a certeza que poderá se deparar com muitas coisas que estavam escondidas, debaixo de setes chaves e outras que jamais pensou em encontrar. A busca é intensa, o caminho, muitas vezes sinuoso, tenebroso ou até mesmo reto demais. É preciso entender que é necessário fazer essa busca para que possa compreender melhor suas atitudes, assim como as suas condutas e ações, a fim de ter uma relação saudável e duradoura.

Muitas vezes precisamos ser firmes, saber o que queremos, seguir nosso objetivo, seguir em frente com aquilo que acreditamos. Precisamos aprender a dizer "não", cuidar de nós mesmos, fincar os pés no chão quando a onda teima em fazer que fiquemos frouxos para desistirmos por medo. É preciso se amar, se conhecer, acreditar nos seus instintos, para alcançar os objetivos que instituiu para si. Eu costumo dizer que a beleza está nos gestos, a inteligência na postura, o amor no olhar e a confiança dentro de cada um de nós. Para isso, preciso encontrá-la! Todos nós temos confiança, mas algumas vezes está ofuscada pelo receio, pela insegurança, pela baixa autoestima.

Precisamos compreender que o que nos amedronta não é forte o suficiente para nos derrubar, mas o que nos move deve ser intenso o bastante para nos fazer ir além. Isso se chama confiança! Precisamos diariamente manter acesa a vontade de fazer as coisas, de acreditar no nosso potencial, de que somos capazes o suficiente para nos mover e conquistar nosso objetivo.

Temos tanto medo do desconhecido que nos cobrimos de atitudes de defesa, de autoproteção e terminamos nos esquivando o tempo todo. São risadas, gestos com os olhos, mãos, mudança de assunto, imitações, reações psicológicas como taquicardia, sudorese, desmaio, gritos, ataques de ciúmes, fala eloquente e convincente e uma infinidade de reações.

No instante em que decidimos olhar para nós com uma lupa, tudo pode mudar, inclusive o humor.

Por mais estranho que pareça, o que relatei agora é preciso compreender, investigar e aceitar para poder melhorar e, se possível, mudar. É preciso quebrar o ciclo vicioso que causa o medo. Pois a maioria é causada por um comportamento repetitivo, que pode ter surgido na infância ou em qualquer outra fase da vida (um ambiente familiar, escolar, profissional). E o pior de tudo isso (além de repetir esse comportamento destrutivo) é se manter nele até o ponto de destruir o relacionamento e sofrer.

É preciso haver sintonia, lembre-se de que uma nota só não compõe uma música. Saliento que não há necessidade, nessa busca interior, de você ser compreendido(a) ou querer compreender tudo. Não faça interpretações. Apenas se conheça, observe o comportamento diante daquele percalço, falha ou problema. Você é capaz de enfrentar. Veja como pode utilizar suas habilidades e qualidades para poder modificar a forma de pensar e, assim, começar as mudanças, fazer os enfrentamentos necessários para a exploração do seu interior dar certo.

Caso essa busca para o seu interior ainda esteja bloqueada, você pode começar a observar o outro. Reflita: o que o outro tem que você não gosta? O que mais o irrita no outro? E, a partir daí, você começa a descrever o que essa pessoa precisa fazer ou deveria fazer para melhorar. Sim, irá escrever sobre a outra pessoa.

Pode utilizar o espaço a seguir para isso. Se quiser pode nomear, escrevendo o nome da pessoa. É opcional, pode imaginar apenas a pessoa sem identificá-la.

Refém do medo

Nome da pessoa: _____ (opcional)

O que ela tem que eu não gosto? (Bens, estilo de vida)	O que mais me irrita nela? (Comportamento)	O que ela precisa fazer para melhorar? (Atitudes)

Quando terminar de escrever, pare um pouco. Pegue um papel (é muito importante colocar no papel essas coisas), e comece a observar o que tem no comportamento dela que você talvez também tenha e liste. Depois, pense em como você poderá melhorar seu comportamento com relação a cada item que listou.

Semelhanças de comportamento:

Comportamento do outro que também tenho	Como melhorar esse comportamento

Ao confrontar os comportamentos (o seu e o do outro), é possível identificar o que não gosta nesse comportamento e o que você pode fazer com o sentimento/emoção que surge. Ou seja, pode melhorar seu comportamento a partir do espelhamento, como também pode aceitar melhor o comportamento do outro que antes o incomodava. E, a partir daí, estender para outras esferas e começar a melhorar a convivência nos grupos, sejam eles profissionais, familiares, religiosos, afetivos etc.

Nossos padrões de comportamento repetitivo são irracionais e inconscientes. Algumas vezes, fazemos coisas que não percebemos. Em algumas delas, sem prejuízos, mas, em outras, altamente tóxicas. Veja os exemplos: em que vai alterar o seu humor ou a sua vida, se ao colocar a camisa, você comece fechando os botões pelo meio e não por cima ou por baixo? Em nada, não é mesmo? Mas quando se começa a exibir um comportamento repetitivo destrutivo como por exemplo: perguntar ao marido (ou esposa) a que horas irá chegar em casa e, caso atrase 15 a 20 minutos, imagina (crença irracional) que esteja com outra pessoa (traição). É preciso "checar" essa crença antes de se deixar envolver por pensamentos carregados de emoções negativas que podem afetar não só o estado psicofísico, como o emocional.

O medo de uma traição (veja aqui a possibilidade de ser trocado por outra pessoa), movimenta negativamente os pensamentos e, com isso, as atitudes. A baixa confiança em si, a desregulação emocional, afetam diretamente o indivíduo e indiretamente toda a cadeia de relações a qual está entrelaçado.

Mesmo sabendo que esse comportamento é "ridículo", o medo de ser "trocado(a)" é muito maior que o simples fato de ter atrasado por 15 ou 20 minutos, podendo ter sido o trânsito, a própria saída do trabalho (acontecendo algum imprevisto), um acidente no trajeto, uma passagem em algum lugar como padaria, farmácia, conveniência, posto, um elevador cheio ou demorado etc.

Quando se inicia essa busca intensa e começa a se deparar e enfrentar seus monstros e as falsas crenças, você começa a se empoderar, começa a ter mais confiança em si a ponto de entender o que é real. O medo do abandono é um dos medos mais antigos e o que mais nos aflige. Somos ser social. Desde quando nascemos, até quando morremos (funeral). Somos acostumados a conviver com pessoas e não a ficar só. Por essa razão, o medo de ser trocado(a), abandonado(a) é tão intenso que desregula todo o sistema emocional.

O desconhecido gera medo, angústia, incerteza, mas também para muitos é motivo de desbravar situações, é motivacional, encorajador, desafiador, é empoderamento.

Por que o medo para uns é algo tão ruim, enquanto para outros é tão benéfico?

Isso me lembra mais uma historinha que ouvi e que uso nas minhas palestras e atendimentos. Ei-la:

Em uma certa casa, moravam duas pessoas que tinham o costume de, todo início de manhã e final da tarde, ficarem na janela e apreciar a natureza. Enquanto um sempre apreciava o momento, mesmo se o tempo fosse chuvoso, com nuvens carregadas, ou um dia ensolarado, sempre havia motivo para tirar o melhor daquela paisagem e daquele momento, enquanto o outro sempre falava as coisas negativas que aquela mesma paisagem (ali diante de ambos) podia provocar nele. Nada estava perfeito.

Mas o que dizer desses dois comportamentos? Por que a mesma situação, exposta para ambos, no mesmo momento, poderia provocar em cada um emoções e comportamentos tão distintos? Tão diferentes e absurdamente dicotômicos? Simples: a forma de ver as coisas, a maneira como ressignifica cada situação. Não pense que esqueci a história de vida de cada um, mas também não podemos querer sempre justificar comportamentos negativos, abusivos, destrutivos (e autodestrutivos) com a máscara do passado. Muitas vezes, podemos dar a virada e seguir a vida de forma mais leve, mais "certa", mais produtiva, em vez de apenas nos lamentarmos por causa do passado e justificar o comportamento negativo atual.

Conhecer a si é algo desafiador! Aprenda sempre! O conhecimento é arriscado, mas é pleno! Ter conhecimento custa caro em todos os sentidos, financeiro principalmente, e consome também parte do seu precioso tempo. Não se culpe. Utilize e otimize esse conhecimento da melhor forma. Replique-o.

Refém do medo

Tenha certeza que esse é o maior investimento que pode ter depois da aquisição dele! Você se sentirá feliz e realizado(a).

Você é dono(a) do seu próprio corpo, cuide bem dele! Você irá precisar muito dele para realizar seus sonhos e construir seu futuro! Conheça-se! Admire-se! Confie.

> **"Conhecer a si mesmo é o começo de toda sabedoria."**
> **(Aristóteles)**

Capítulo 3

O medo na crise

> Muitas vezes, é preciso passar por uma crise
> para descobrir o que, de fato,
> é importante na sua vida.

Enfrentar o medo e modificar a forma de olhar as situações negativas, transformando-as em algo menos doloroso, faz com que se possa observar melhor cada situação estressora e se obter um equilíbrio emocional satisfatório. É na crise que são criadas oportunidades, que se ousa, se enfrenta, se desafia e se produz!

Vou descrever um momento atual para exemplificar sobre o medo da crise de que trata este capítulo. Todo o Mundo está enfrentando uma pandemia em virtude do Coronavírus (da COVID-19), desde o início do ano de 2020 aqui no Brasil. Muitos em quarentena (isolamento) em suas casas, milhares de óbitos em todo o mundo, comércio e clínicas eletivas fechados, funcionando apenas serviços essenciais, como supermercados, farmácias, hospitais, polícia, bombeiro, restaurantes (só *delivery*), com uma maçante divulgação e apelo nas mídias para que a população fique em casa.

O caos está instalado no mundo! Iniciou-se na China, especificamente em Wuhan, espalhou-se pela Ásia, seguindo para a Europa, tendo a Itália registrado altíssimos índices de infectados e óbitos, causando colapso na saúde onde os médicos deviam fazer o papel de Deus, tendo que escolher qual paciente iria sobreviver e qual iria morrer, chegando a registrar quase mil mortes em um único dia por conta da COVID-19, causando complicação até onde enterrar (sem funeral) tantos corpos, tendo que transportar para outras cidades dentro do país, pois muitos cemitérios já não comportavam mais. Sem falar nas cremações. Em seguida, alcançou a Espanha, a França, a Alemanha, os Estados Unidos, o Brasil, a Argentina, e foi se alastrando por todos os continentes. O medo passou a fazer parte do cotidiano do indivíduo ao ver o avanço desenfreado da doença silenciosa, tomando conta de cada um, numa velocidade devastadora e sem previsão de melhora.

A crise mundial estava instalada. As potências mundiais se equipando com equipamentos necessários ao combate e controle da doença com EPIs (Equipamentos de Proteção Individual), como máscaras, protetores de face, gorros, óculos, avental, macacão etc. Os respiradores (que tiveram uma procura e uma supervalorização passando de U$5.000 para U$16.000), causando uma guerra fria entre os países mais ricos e os menos favorecidos, onde as grandes potências se abasteciam, adquirindo todos os equipamentos fabricados na China, deixando os menos favorecidos (leia-se aqui também o Brasil) sem o equipamento tão essencial ao tratamento e preservação da vida.

Diante desse cenário, onde não se tinha como importar respiradores e máscaras, o Brasil se viu meio à crise, necessitando fabricar seus equipamentos a partir do que se tinha. Como nós, brasileiros, somos um povo guerreiro e criativo, começamos a fazer campanhas e a nossa mídia iniciou um trabalho de valorização dessas empresas e profissionais para se produzir e ajudar a quem precisa. Assim, obteve-se uma luz para ter meios de sobrevivência!

A nossa mente estava sendo bombardeada a todo instante pelo excesso de informações que estavam 24 horas em todos os meios de comunicação, falando sobre a nova pandemia, o cenário mundial – números de casos suspeitos, confirmados, descartados, em isolamento e óbitos. Além de várias entrevistas com profissionais da área da saúde, em especial infectologistas (agora em voga) – a propósito, quem já foi a um infectologista por estar apresentando um quadro viral (mesmo que simples)? Pouquíssimas pessoas, não é mesmo? Geralmente se vai a um Clínico, Geriatra, Otorrino ou emergência (é mais fácil, pois não precisa agendar consulta). Tinha muita informação negativa permeando a nossa mente, ficávamos nos nutrindo e nos contaminando com pensamentos assustadores, pois o risco de contágio era assustador e o número de óbitos era crescente assustadoramente em todo o mundo.

A incerteza do amanhã gerava medo, ou melhor, pânico! A possibilidade de escassez de alimentos, a incerteza de quando se poderia voltar a trabalhar eram enormes! A dúvida se iria ou não contrair a doença, o isolamento dos idosos em suas casas, sem receber familiares, principalmente sem ter contato com os netos (potenciais transmissores assintomáticos da COVID-19), faziam com que questões emocionais fossem totalmente emergidas de forma súbita.

A reestruturação familiar, doméstica, profissional, espiritual foi refeita da noite para o dia. Todos tiveram que aprender ou reaprender a lidar com as novas situações impostas de forma súbita. Pais tendo que cuidar diretamente de seus filhos pequenos 24 horas sem sair de casa, igrejas e templos religiosos fechados, trabalhadores sendo dispensados e alguns a fazer *home office*, outros demitidos e tendo que enfrentar o desemprego como se não bastasse todo o caos do mundo que também enfrentava.

Apesar de todo esse cenário negativo para uns, para outros, passou a ser algo positivo, em que alguns se viram mais solidários, outros a curtir a família, fazer coisas que antes não faziam por falta de tempo, alguns abraçando a oportunidade de conseguir uma renda extra fabricando máscaras, fazendo *delivery*, equipamentos de combate ao novo vírus etc.

Fazer da crise uma oportunidade para crescer demanda energia, controle emocional, criatividade, espírito empreendedor, visão de mercado, ser solidário, e acreditar em si e que vai dar certo!

O vírus é algo microscópico, mas que em uma velocidade extrema assolou o medo em todas as nações do Mundo. A incerteza do amanhã gerava o caos. Era preciso se manter psicologicamente estável, equilibrado para poder conseguir passar por barreiras que estavam claramente impostas a cada um. Se deixar o medo tomar conta, paralisar cada ser humano, a letalidade causada pelo vírus não seria apenas de forma direta, mas de maneira indireta também, causando depressão, ansiedade, ideia suicida, suicídio etc. Mas algo de bom mostrava nas estatísticas que os óbitos eram apenas de pessoas que de alguma forma tinham patologias crônicas de base (diabetes, hipertensão, asma, imunodeficiência etc.). Não foi registrado qualquer suicídio no mundo (pelo menos nos seis meses iniciais e até o momento que estou escrevendo este livro).

Apesar de todos estarem sendo afetados de alguma forma direta/indiretamente pelo vírus, a saúde mental está sendo preservada. E eis que surge a pergunta: o que estão fazendo para que isso esteja se mantendo assim?

Refém do medo

Estão se conhecendo e se reinventando. Conhecer a si é algo fantástico, desbravador e maravilhoso! Saber lidar com as coisas que encontrar é melhor ainda. Todos nós temos habilidades e capacidades que desconhecemos e é na crise que muitas vezes elas surgem! A necessidade externa faz com que o indivíduo se volte para seu interior e se descubra, se reconheça, buscando suas potencialidades, que muitas vezes nunca foram acessadas.

Não permitir que o medo o paralise já é o começo do equilíbrio emocional, do enfrentamento de si mesmo, das suas sombras, das suas amarras, fazendo com que, indiretamente, envie mensagem ao seu cérebro dizendo que você precisa sobreviver!

O cérebro irá captar essa mensagem e se reprogramará para que consiga vencer essa nova etapa de sua vida. Você será desafiado por si mesmo. Para isso, é preciso ter não só a capacidade de equilíbrio emocional, mas estar livre de julgamentos e preconceitos para que sua imaginação possa fluir com mais liberdade e, assim, consiga atingir um estado de confiança, e ponderação diante do novo cenário.

Precisamos aprender sempre! Com qualquer situação que seja. Tire proveito positivo das coisas! Vamos aprender com as crianças que seus medos são bobos, mas, às vezes, intensos para elas. As crianças não exigem explicações complexas e não complicam as coisas. O comportamento infantil nos mostra o quanto precisamos aprender com a simplicidade. É preciso observar mais os comportamentos simples, assim como os complexos e tirar ensinamento deles.

Seja de forma positiva ou negativa. Despertar a criança dentro de cada um é essencial para a sobrevivência, para se ter uma vida mais tranquila.

Desperte a criança dentro de você! Pensando assim, relate aqui seus medos bobos que sugam sua energia e o que você pode fazer para controlá-los ou extingui-los.

Medo bobo	Como enfrentá-lo

Agora se dê um prazo para trabalhar melhor esses medos que relatou acima e descreva possíveis caminhos, por mais absurdos que possam parecer. O importante aqui é fazer um *brainstorm* (termo inglês que significa tempestade de ideias), no mundo corporativo, é escrever tudo o que vier à cabeça para depois analisar se é possível e plausível. É assim que se conseguem chegar a muitas soluções de problemas. Na maioria das vezes, essas ideias vêm sem julgamentos ou temor. Assim, se pode observar melhor o panorama que se está discutindo ou avaliando.

Refém do medo

O mais importante é você não se prender a julgamentos. Pare de se preocupar com o que o outro vai falar ou pensar. Dê mais importância ao que você tem a dizer, sentir e fazer. Dependemos do outro, sim. Isso é uma verdade, mas jamais pode permitir que o outro domine sua vida, a ponto de que suas preocupações e ações girem em torno dele e não dos seus propósitos e expectativas.

> "Quem conhece o outro é inteligente. Quem conhece a si mesmo é iluminado. Quem vence o outro é forte. Quem vence a si mesmo é invencível."
> (Lao Tsé)

Capítulo 4

Reconhecendo erros

> "Admitir nossos erros é aceitar que não somos perfeitos. Justificá-los é mostrar o quanto somos fracos."
> (Michel Teles)

Quando começamos a reconhecer nossos erros, estamos tomando consciência do nosso ato. O importante não é só reconhecer, mas mudar a forma de atuar, modificando o comportamento errado para algo assertivo. Geralmente, quando existe alguma desavença entre pessoas, o sentimento negativo, algumas vezes de orgulho, arrogância, medo de se mostrar incapaz ou inferior, perpassa pela cabeça do indivíduo.

A dificuldade se encontra determinadas vezes na forma de colocar suas crenças e verdades e, assim, gera mágoa, sofrimento e isolamento. Passando a ficar sem falar com a outra parte (seja pessoal ou profissionalmente). No fundo, não era isso que gostaria. Desejava que a outra parte entendesse e acordasse com a sua opinião. Você já parou para pensar que esse mesmo desejo pode ser do outro lado? Da pessoa com a qual discutiu? Ambas não querem deixar de falar, afinal, vocês, com certeza, devem ter história de vida juntos, coisas que fizeram no passado e foram boas.

A necessidade de aceitação do ponto de vista, sem a devida ponderação, pode fazer com que esse afastamento e sentimento negativo perdurem por mais tempo que você pode imaginar. Aonde isso pode chegar? O que você, de fato, ganhou com isso? Quando você reconhece que errou pode trazer alívio em corrigir seu erro e recuperar aquela amizade ou amor.

Não confie na ilusão, mas no desejo de aceitar, de fazer algo para melhorar sua vida, torná-la mais leve, menos limitante. Acreditar no seu potencial, na sua capacidade de corrigir.

Acertar os passos é muito importante, é a melhor receita para que você se sinta libertado(a) de suas próprias amarras.

Agora, pare um pouco a leitura e escreva no espaço abaixo ou em um caderno, quais são suas maiores amarras? O que o paralisa? É algo do passado? Do presente? Do futuro? Familiar? Profissional? Pessoal?

_____

_____

_____

_____

_____

_____

_____

Sabemos que é um pouco difícil, mas faça um esforço para analisar o que escreveu acima e verificar o que lhe falta para que consiga colocar em ação o comportamento assertivo, para que possa modificar sua forma de se posicionar e enfrentar sem erros e medos e possa se sentir mais confiante. Pratique a autoconfiança, se prepare para isso. A preparação é fator crucial para o sucesso da prática. Mostre que você sabe, que é capaz!

Ter confiança não é ter poder. A confiança é você querer mostrar para si mesmo(a) que é capaz. Ter poder é mostrar ao outro que você tem algo. Você não precisa mostrar nada para ninguém apenas a você. Com isso, o outro irá notar que você "tem". Tem capacidade, tem conhecimento e detém o poder. Quando deseja o poder, não tem sustentação nas suas atitudes, seu lastro emocional é susceptível a rupturas. Não carregue pedras, seja uma delas (de forma positiva, é claro!). Seja forte o suficiente para aguentar a pressão, seja grande o necessário para ser notado, tenha um formato autêntico para se destacar e ser cobiçado(a)! Tire sempre proveito das coisas boas e erradas que acontecem na sua vida. Aprenda sempre! A natureza é sábia, a criança ingênua, o idoso experiente, a labuta diária edificante.

Vamos nos exercitar novamente. No quadro abaixo escreva experiências ruins que lhe aconteceram e perceba o que de bom aquilo trouxe para você. Se conseguir observar o seu erro naquela situação será melhor ainda. Vamos escrever!

Situação ruim	O que de bom lhe trouxe	Qual foi o seu erro?

Reconhecer e aprender com os erros é mais gratificante que alguém simplesmente possa apontá-los para você. Melhor ainda é modificar o seu comportamento.

Adultos são os que mais erram, mas poucos são o que reconhecem e desejam mudar. Abra sua cabeça, seu coração, exponha-se ao ridículo, ria de si, faça qualquer coisa capaz de se libertar. Não se permita ser refém de si mesmo(a). Ame-se! Confie! Acredite! Você consegue!

Você já parou para pensar sobre sua vida? Analise dessa forma: se você se julga complicado(a), sua vida provavelmente também será, mas se você se considera descomplicado(a), sua vida tem grande chance de ser leve, tranquila. Seja feliz do jeito que você é!

As pessoas podem mudar, mas só quando admitem que querem. É preciso estar comprometido com esse desejo de mudança. Isso demanda tempo, autoconfiança, desejo, quebra de paradigmas, rupturas, sofrimento, escolhas, visão e oportunidades.

Necessitamos de muito pouco para ser feliz e não conseguimos visualizar isso. Só depois de muito tempo, batendo cabeça, errando, sofrendo, ficando mais experiente (inclusive na idade), é que percebemos essas coisas. É preciso saber lidar com as frustrações, com o sentimento de fracasso, pois eles bloqueiam nossa mente e, com isso, nos impedem de ver o outro lado das coisas, dos momentos que passamos, nos tornam cegos, não nos permitem viver com integridade, com prazer, bloqueando nossas emoções positivas. Esses sentimentos negativos nos deixam tensos, irritadiços, ansiosos, nervosos, desacreditados, com sentimento de abandono, medo, desilusão.

É preciso entender que muitas vezes o fato em si não nos paralisa, não provoca o sofrimento, mas como reagimos, como pensamos sobre aquilo.

Imagine essa situação:

Fato externo	Pensamento	Reação/Efeito
Briguei com minha amiga.	Ela é uma falsa. Deixou-me na mão quando eu mais precisava.	Raiva, sentimento de abandono, taquicardia.

Como pode notar, o pensamento que foi gerado foi um pensamento negativo, cheio de julgamentos. Não houve um esclarecimento sobre o que fez a amiga não cumprir com o acordado. Faltou empatia (se colocar no lugar do outro). A reação foi também negativa e causou descontrole emocional, tirando o indivíduo do seu ponto de equilíbrio, da sua homeostase.

Se analisarmos a reação, verificamos que quem fez isso foi a própria pessoa, ela própria permitiu. Foram seus pensamentos que fizeram perder o controle emocional e deixou que fosse rompida a tranquilidade. E pior, ficou mal com a amiga!

Nem todo mundo consegue reagir da mesma forma, pois somos diferentes e temos histórias de vida distintas. No exemplo anterior, é preciso identificar o que fez a amiga não poder estar ali naquele instante e se permitir ter opções: o que posso fazer caso ela não possa ir? A partir daí, deve-se ter alternativas para não ficar dependente daquela situação. Por exemplo: caso ela não possa vir, irei com outra pessoa, ou farei outra coisa. Quando se deparar com alguma situação ruim ou desconfortante, compare com outras boas, ou até mesmo outras ruins. Verifique se os sentimentos gerados foram os mesmos e o que fez para reagir de forma assertiva, minimizando os impactos negativos no seu comportamento.

Depois escreva que recursos poderá ter para evitar essas situações negativas e no que você acredita com relação ao que pode ter ocorrido e como poderia ter sido evitado. Aceite suas dificuldades! Mude seus padrões! É preciso aceitar, entender, analisar pontos positivos e negativos, focar e seguir buscando sempre soluções positivas – Vamos Recriar!

O que você precisa recriar na sua vida? No seu padrão comportamental? Escreva abaixo pelo menos seis padrões que observa que é preciso haver melhorias. Caso não consiga observar, lembre-se do que outras pessoas chamam a sua atenção para determinadas ações que você costuma fazer de forma negativa ou que não seja adequada em algum momento.

O que você precisa recriar na sua vida? No seu padrão comportamental?	Como executar essas melhorias? (Como mudar o comportamento?)

Após essa análise, observe como executar diariamente essas mudanças de forma mais natural possível, para que não seja algo forçado nem execute de maneira falsa. Para se ter sucesso e a mudança possa acontecer, é preciso ter a consciência dos atos e a aceitação dos erros.

Refém do medo

O erro também é libertador! Não se pode permitir que o medo paralise ou ofusque seus objetivos, ele até pode lhe provocar tudo isso, mas você é muito mais forte e mais poderoso(a) que o medo!

A vida é feita de erros e acertos. É tentando acertar que se erra e é errando que se acerta. É por meio dos erros que enxergamos a possibilidade de acertos.

Capítulo 5

Lidando com as frustrações

> "Excesso de expectativa é o caminho mais
> curto para a frustração."
> (Johnny De'Carli)

Saber tolerar as frustrações é muito importante, pois nos torna mais seguros, mais confiantes. A frustração é desconfortável, forte, paralisa e nos impede de seguir. Nos tornamos reféns de nós mesmos.

É engolir a seco aquela expectativa não realizada, é um sorriso preso nos lábios, um grito abafado na garganta, uma lágrima reprimida no olhar e uma pergunta que permanece na cabeça: por quê? Por que aconteceu? Por que foi comigo? Por que não consegui? Certamente, você vai formular diversas perguntas e terá dificuldades para encontrar respostas. A pergunta não deve se iniciar com POR QUE e sim com O QUE ou COMO. Esse é o primeiro passo para saber lidar com as frustrações: o reconhecimento, a compreensão que certamente o que aconteceu pode ter acontecido com qualquer pessoa. Não há regras, modelos, receitas de bolo ou fórmulas mágicas para que em um "*click*" possa superar e sair do elo apertado que a frustração lhe colocou.

Quando o desejo é abortado, a sensação de bem-estar também é. O mundo parece desabar sobre nossa cabeça. A sensação de impotência, de incapacidade, irritabilidade, inabilidade recai sobre nós. É uma enxurrada de emoções fortes e negativas que recaem sobre nós, provocando dores físicas. Se não estivermos preparados para receber tal carga e descarga de emoções, podemos enfrentar pela frente sentimento de depressão, reação de agressividade física e verbal, descontrole emocional e com isso atingindo pessoas que estão próximas, que nada têm a ver com a nossa frustração e, pior, pessoas que, muitas vezes, estão torcendo pelo nosso sucesso, torcendo para que realizemos nossas expectativas.

Saber compreender o que causou a não realização do objetivo e sua expectativa não tenha sido alcançada é crucial para sair do sofrimento psíquico.

Dói, machuca, pois, na maioria das vezes, temos parcela de culpa. Seja no comportamento, na grandeza da expectativa, na lista de prioridades etc. Lógico, existem fatores ambientais e externos de que não temos controle, mas saber reorganizar-se faz com que o enfrentamento da nova fase seja mais leve, menos dolorida.

Quando se começa a abrir o leque de possibilidades, é sinal que começa a olhar para si mesmo, a enxergar aquilo que muitas vezes não se quer ver, seja por medo, insegurança ou frustrações passadas.

Nosso passado revela muita coisa do que hoje somos. Ele é muito rico de emoções, vivências, histórias, é recheado de coisas boas e ruins, mas é graças a ele que somos o que somos hoje. Isso não quer dizer que devemos ter uma lente para o passado e pautar nossa vida nesse foco. O passado não constrói o presente e muito menos o futuro. Aprenda isso! O passado serve de referência, é balizado para que possamos refletir e analisar o que é bom, é uma peneira para que possamos nos erguer a cada dia. Se fixarmos no passado, nada irá mudar. A vida fica paralisada. Olhar para o passado com frequência nos traz sofrimento nos dois sentidos, se ele foi bom ou ruim.

Se foi bom, acredite, pode abalar seu humor e de forma negativa também, e deixá-lo deprimido(a), pois o presente pode não ser tão bom e, com isso, sua autoestima pode abalar, se sentir menos capaz, julgar o presente como nefasto. Ou tirar proveito e intensificar o seu presente com as experiências positivas do seu passado.

Se foi ruim, pode também deixá-lo triste e fazer com que se sinta mal por não ter tido momentos agradáveis com sensação de desvalia, incapacidade de que poderia ter feito e não fez. Porém, caso seu presente seja melhor, pode lhe dar a sensação de boa capacidade e melhorar sua atuação. Não quero aqui dizer que devemos cultivar um passado de coisas ruins, mas ambos os exemplos podem se transformar em algo negativo ou positivo. Depende do ponto de vista, como diz Leonardo Boff: "cada ponto de vista é visto de um ponto".

É preciso parar e focar, analisar o que causou tal frustração, quantificar e descrever algumas outras possibilidades de ações, caso desse errado e não conseguisse atingir suas expectativas, seu objetivo a ser concretizado.

Dessa maneira, estará se preparando para enfrentar possíveis falhas e tornar consciente a possibilidade de agir diante de algum imprevisto. O impacto negativo provocado pela perda será minimizado e não afetará tão diretamente o humor do indivíduo.

> **"A frustração é algo que dói,
> mas ensina a seguir em frente."**
> (Rogério Macena)

Capítulo 6

Fragmentar para compreender melhor

> "Despedaça-se dentro de mim tudo
> o que é velho e morto."
> (Cora Coralina)

Se não está conseguindo compreender o todo, afaste-se ou se fragmente para que possa, assim, visualizar melhor a situação.

É importante esse movimento para que consiga modificar o comportamento e a maneira de se comportar diante da situação. Se algo o aborrece, ou lhe causa medo, ou ainda constrangimento, por exemplo, é preciso adotar essa técnica para que possa identificar possíveis causas do comportamento, atitudes e emoções que o colocam em situações de estresse, medo, desenvolvendo ansiedade, fobia, insegurança, agressividade e diversos outros fatores psicológicos que desequilibram o seu emocional.

Refém do medo

É necessário que consiga superar cada situação, sentimento e reações emocionais ou psicofísicas para que consiga fragmentar e ir atrás de cada situação de maneira isolada, perceber o desconforto, seja emocional ou racional.

Tenha a certeza de que, se algo ainda o incomoda, o contato com esse sentimento (ou situação), poderá provocar desconforto emocional intenso, mas saiba que irá passar. Por essa razão, o exercício a seguir é muito importante fazer para que possa sentir a leveza da liberdade. Mexer em algo que o machucou pode trazer sensações e recordações ruins ou desagradáveis, mas serão extremamente necessárias para a sua saúde mental e comportamental.

Vamos fragmentar a situação, seja sentimento, atitude ou emoção negativa que lhe causou desconforto. Vamos fazer isso em três etapas e analisar cada uma delas separadamente, para depois compreender o todo.

1º - O que causou.

2º - O que senti.

3º - Como reagi.

A partir daí, a análise será feita de forma fragmentada.

Exemplo:

1º – O que causou
Como eu percebi o desconforto. Descrever (pode ser em forma de tópicos) o que pode ter gerado o desconforto, a sensação ruim.

2º – O que senti
Pontuar as emoções e sentimentos. Ex.: ataque de raiva súbito, palpitação, tremor, vontade de gritar, bater.

3º – Como reagi
Descrever como você reagiu. Ex.: com palavras rudes, quebrei objetos, gritei, chorei.

Esses exemplos podem ser simples, mas serão vitais para que possa compreender a necessidade de fragmentar o todo para compreender melhor cada situação e, com isso, fazer as correções devidas no comportamento disfuncional que causa constrangimento e sofrimento.

Dentro da Programação Neurolinguística, há uma técnica em que passamos "virtualmente" por três etapas para entender o nosso próprio comportamento e possamos fazer os ajustes necessários para manter uma boa relação e uma convivência equilibrada com o outro.

"A e B" discutem, em que "A" será a outra pessoa e "B" você. A técnica consiste em mostrar quando "B" passa a assumir o papel de "A" e observa a reação de como você mesmo(a) se portou diante do outro, ou como "A" falou para "B" as coisas e sente, como poderia ter feito de outra forma para que vocês não se chateassem com tal comentário ou ação. Aqui nada mais é do que "empatia". Depois observa-se a cena do alto, como se você estivesse observando o acontecido de fora da situação, aqui chamamos de C, e analisa a situação, a discussão entre "A" e "B". Na maioria das vezes, quando se faz essa técnica, quando chega na situação "C", alguns relatam que a discussão parece ridícula, irrisória, sem cunho, sem propósito. E não permitem ir adiante com o sentimento negativo gerado pela dita discussão.

Veja nos quadros abaixo:

"A" e "B" discutem.

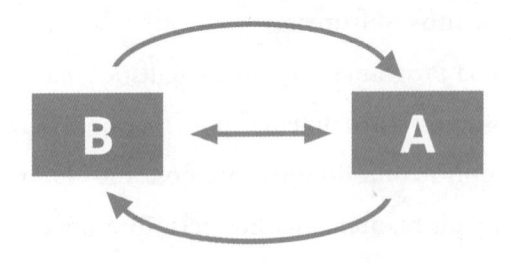

"B" assume o papel de "A" e observa como "ele próprio - B" se expressou. (Empatia). Ou como "A" poderia se expressar.

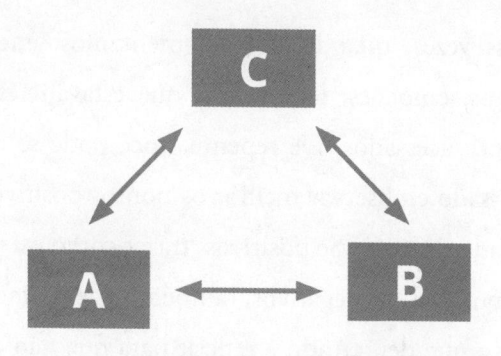

"A" ou "B" assume nova posição, aqui chamada de "C", e observa o comportamento da discussão entre "A" e "B".

Com essa visão de cenário, o sujeito é capaz de melhor analisar seus atos, suas posturas comportamentais e rever o que pode ser melhorado. Quando se faz essa análise, o sujeito já não é mais o mesmo. É como se redesenhasse seu comportamento.

Não é como um simples quebra-cabeça em que o desenho já está pronto e não lhe dá a oportunidade de redesenhar, reprojetar. Mas é como um vaso quebrado que, ao emendá-lo, teremos ali um novo vaso de forma diferente, único e especial.

Foto: Mundo-nipo.com.br

Refém do medo

Muitas vezes, quando nos fragmentamos, encontramos sentimentos, emoções, lembranças que estavam esquecidos, quase nunca acessados. De repente, você pode se reconectar com o passado e observar melhor os pontos positivos e negativos de cada situação. Se positivos, trazer como exemplo e replicar, se possível. Se negativos, também trazer como exemplo e analisar o que deu errado e refletir para que não os cometa no futuro, servindo de ensinamento.

> **Fragmentar-se é romper padrões para poder se reinventar, sem amarras ou modelos preestabelecidos. É ir além e apostar no desconhecido mundo interior tão sufocado e esquecido.**

Capítulo 7

Buscando ajuda

> "Quando você se permitir o que merece,
> irá atrair o que precisa."

As emoções afetam diretamente o comportamento porque estão intrinsecamente ligadas e exercem uma forte influência sobre como nos comportamos diante das atividades que estamos inseridos. Saber lidar e equilibrar "o que sentimos" com "como agimos" é algo difícil, diria até complicado. Entender as emoções, modelá-las ou controlá-las não é tarefa fácil, é preciso estratificar, discriminar, separar a parte emocional do racional e para isso é necessário que tenha ajuda profissional. Nem mesmo aqueles que atuam na área, na maioria das vezes, não conseguem fazer essa separação. É preciso ajuda.

Não se assuste em saber que um profissional da saúde mental, seja Psiquiatra, Psicólogo, Psicanalista, Terapeuta etc., busca ajuda com um profissional da área, pois quando o processo é visto de fora, por outra pessoa, se torna mais fácil, porque muitas vezes você pode estar muito envolvido na situação e não consegue se ver implicado naquele movimento. Com essa ajuda externa, é possível se comprometer com a melhoria do quadro.

Independentemente de quem seja, é preciso levar em consideração alguns itens, antes de contratar qualquer profissional, como:

1º - **Escolha do profissional (experiência, confiança).**
2º - **Seleção da abordagem (técnica utilizada).**
3º - **A empatia (como me sinto com o profissional).**
4º - **O local (acessibilidade).**
5º- **Valores (custo de cada sessão).**

Esses itens reunidos farão diferença no processo terapêutico, podem fazer com que se mantenha no tratamento e gerencie melhor o progresso positivo do quadro.

Quando se reconhece que necessita de ajuda, já consegue olhar para dentro de si e notar que as coisas não estão indo bem, principalmente quando existe baixa confiança e o medo paralisa suas ações.

Fazer um acompanhamento psicoterápico é muito importante quando está se sentindo inseguro, inabilitado, receoso, desiludido. É na sessão psicoterápica que o indivíduo irá se encontrar, analisar situações, rever comportamentos disfuncionais e conquistar autoconfiança, se sentir empoderado para enfrentar as situações onde se vê limitado.

Deverá confiar no profissional, ter a certeza do sigilo, se sentir acolhido, notar a mudança positiva em seu comportamento e aderir ao tratamento.

Saber respeitar o momento de cada um é essencial para se conhecer melhor e compreender melhor o comportamento, as atitudes que o levam a disseminar o medo, a insegurança no outro e em você mesmo.

Transcrevo abaixo a Oração da Gestalt Terapia, de Frederick Pearls. Leia com bastante atenção o que diz no tocante ao respeito e às escolhas.

> Eu faço as minhas e você faz as suas coisas.
> Não estou neste mundo para satisfazer as suas expectativas e você não está neste mundo para satisfazer as minhas.
> Você é você, e eu sou eu.
> E se por acaso nos encontrarmos será maravilhoso.
> E se não, não há nada para fazer.
> Se eu faço unicamente o meu, e você o teu, corremos o risco de perder um ao outro e a nós mesmos.
> Não estou neste mundo para preencher tuas expectativas...

> Mas estou neste mundo para me confirmar em ti.
> Como ser humano único para ser confirmado por ti.
> Somos plenamente nós mesmos, somente em relação um ao outro.
> Eu não te encontro por acaso, te encontro mediante uma vida, atenta, um lugar onde as coisas acontecem passivamente.
> Posso e devo agir, intencionalmente, para que aconteçam.
> Devo começar comigo mesmo a verdade...
> Mas não devo terminar aí.
> A verdade começa a dois!
> (Frederick Pearls)

Frederick (Fritz) Pearls, era Médico Psiquiatra e Psicanalista alemão, considerado o pai da Gestalt Terapia. A oração da Gestalt que transcrevo acima, nada mais é que compreender seu papel e respeitar seu espaço, assim como o do outro. Dessa maneira, consegue compreender o outro e a si mesmo. Ao se colocar no lugar do outro (empatia), é possível tornar mais fácil a convivência.

Saber dividir as aflições, medos, emoções e sentimentos com alguém é compensador. Mesmo que o outro só emita um suspiro e você simplesmente abrace e diga: "obrigado(a) por compartilhar esse suspiro comigo" ou "conte comigo no que você precisar. Estarei sempre aqui para acolhê-lo", ou ainda simplesmente abraçar essa pessoa e fazer com que ela se sinta envolvida nos seus braços, despertará nela um sentimento de segurança, conforto e acolhimento.

> **Não é fácil buscar ajuda, mas é preciso para que não se perca em si mesmo e consiga se transformar em alguém melhor.**

Capítulo 8
Fazendo escolhas

> **Todas as escolhas têm perdas. Quem não estiver preparado para perder o irrelevante, não estará apto a conquistar o fundamental.**

A aquisição deste livro partiu de uma escolha, sendo sua ou de outra pessoa. Assim é nossa vida: recheada de escolhas. Do momento em que abrimos os olhos ou despertamos de forma consciente até a hora de deitar e dormir. Escolhemos a todo instante, a que horas levantar, o que vestir, comer, beber, falar, fazer, escrever, se deslocar, tudo de forma consciente. E as escolhas inconscientes? Será que de maneira inconsciente somos capazes de fazer escolhas? Será que nosso cérebro é capaz de captar nossos desejos, emoções, sentimentos e fazer com que, de forma inconsciente, aprove ou reprove algo? Faça com que adotemos um comportamento, por exemplo, de forma mais intempestiva, mesmo sem querer? E por que fazemos isso? Foi inconsciente?

Você pode parar aqui a leitura, ou continuar e ver o que poderá encontrar ao longo das linhas escritas. Isso é uma escolha.

O nosso cérebro é capaz de captar tudo quando estamos conscientes, e armazenar, para usar quando achar conveniente (ele e você). Por essa razão podemos, sim, fazer escolhas inconscientes, uma delas são os famosos "atos falhos" da Psicanálise.

Quantas vezes na sua vida você foi pressionado a fazer escolhas? Em curto espaço de tempo, ou com ações perigosas? Será que passou na sua cabeça algo do tipo: "será que vai dar certo?", "será que devo?", "o que será que vai acontecer se eu não fizer?" ou "se eu fizer?". As escolhas muitas vezes vêm conectadas com medo, angústia, receio, insegurança, arrependimento, culpa e outras emoções.

É preciso compreender que as escolhas são suas e as consequências também! As escolhas são livres, as consequências não. Estar preparado para enfrentar todas as consequências frutos das escolhas feitas é um passo importante e uma maneira de lidar com o problema de frente, o famoso "tête-à-tête". O medo, a culpa, o remorso, com certeza poderão estar presentes na sua vida após uma escolha errada, mas como sempre falo, não existem escolhas erradas, mas as que precisam de mais atenção para serem resolvidas.

É preciso entender que no momento da escolha algo fica para trás. O foco que você irá dar será o grande divisor de águas e a ponte para o sucesso. Se você focar no que deixou para trás, o suposto "não escolhido", viverá uma caminhada de tormenta psicológica, onde o medo e a culpa terão valor e peso nas suas próximas escolhas. Se você focar na escolha que fez, a possibilidade de dar certo é maior, pois você se encorajará e lutará para dar certo, afinal foi o que você escolheu! Isso fará diferença no seu desempenho.

Vamos ao exemplo: você prefere café ou leite?

Se sua resposta for o café, poderá aproveitar o sabor, aroma e a temperatura dessa bebida associada ao momento que está ali, resolvendo um problema, despertando, apreciando uma vista, deliberando algo etc. Se focar no leite (que deixou de escolher), você não irá apreciar o café que escolheu e ainda terá algo negativo pesando em seu tempo, além de tudo o que tem à sua frente, seja positivo ou negativo. Caso esteja resolvendo um problema, terá que pensar se o leite não seria melhor para você, encontrou aí um desviante, um ladrão de tempo e de ações. Se estiver apreciando algo prazeroso e pensar no leite que não escolheu, estará com a mesma sensação anterior. Será um ladrão de emoções, você não estará 100% no seu momento, apreciando algo prazeroso.

Relate a seguir a sua melhor ou maior escolha (aquela que você julgar mais importante e difícil). Depois escreva os pontos positivos (+) e os negativos (-). Na outra coluna, seus receios e na seguinte as emoções que sentiu ao ter feito essa escolha. Na última, assinale S (Sim) se foi assertiva e N(Não) se não foi. Poderá fazer esse exercício com várias escolhas a serem tomadas.

Escolha:

Pontos +	Pontos -	Receios	Emoções	Assertividade S - N

A indecisão está muito atrelada ao medo, a pior coisa é ficar na dúvida, pois não lhe permite avançar. Eles (indecisão e medo) o paralisam. Eu sempre digo: na dúvida, escolha!

Quando se faz uma escolha, a dor da dúvida se dissipa e você terá que arcar com a consequência apenas do que escolheu, seja positivo ou não. Continue escolhendo e decidindo. Nunca pare. Não permita que as escolhas "erradas" o paralisem diante de decisões para o futuro. Falhar também faz parte da vida. Afinal, somos falíveis! Muitas vezes queremos acertar sempre, mas precisamos entender que a assertividade também nasce da falha.

Quantos exemplos mundiais conhecemos de coisas boas que brotaram das falhas? Temos aí o exemplo claro do sorvete, da cachaça, do *post-it*, da lâmpada, do marca-passo e vários outros.

Quando focamos mais no positivo, quando acreditamos mais em nós, na nossa capacidade, as coisas conseguem fluir com mais facilidade. Não é sorrir para tudo, mas acreditar na potencialidade desse sorriso. É diferente. E tenha certeza que faz uma diferença enorme no resultado. Quando acredita mais em você, a sua capacidade de desenvolver melhor e conquistar seus objetivos move-se a um patamar maior, mais elevado.

Não estudei física muito menos holística, mas acredito que ondas magnéticas vibrantes e universais convergem para que seu propósito possa ser alcançado, caso seu pensamento seja convergido para isso, assim como, possa dar errado, caso seu pensamento seja negativo e culmine em dados negativos.

O medo sempre vai existir. Para uns terá maior impacto e peso do que para outros. O importante é saber lidar e quanto de importância irá dar para cada medo que aparecer na sua vida.

Os problemas que surgem diariamente na vida de cada um não podem ser considerados erros, mas consequências das escolhas feitas. Pablo Neruda já dizia que "você é livre para fazer suas escolhas, mas é prisioneiro de suas consequências".

É necessário perder o medo, superar empecilhos, melhorar a percepção, sentir prazer, transmitir satisfação, alegria, tolerar frustrações, enfrentar os desafios, conquistar e aproveitar as oportunidades e curtir a vida da melhor maneira possível, afinal, tudo isso só pode existir se houver uma ESCOLHA.

> **Às vezes são as escolhas erradas que o levam ao rumo certo.**

Capítulo 9

O medo de assumir responsabilidades

> "Qual a sua responsabilidade
> na desordem de que você se queixa?"
> (Freud)

Assumir responsabilidades é enfrentar seus medos. Quando nos deparamos com situações novas, que exigem de nós tempo, atenção, dedicação, entendimento, conhecimento, quando se tem prazos a cumprir, expectativas a criar, você está diante de responsabilidades, e assumir requer tempo, habilidade, sensibilidade, ética, sensatez, ponderação, planejamento, organização etc. Posso ficar aqui listando uma série de coisas que compõe o que chamamos de responsabilidade.

Como disse, responsabilidade é sinônimo também de medo, pois envolve riscos, requer um pouco mais de você.

Refém do medo

Nós tememos a certeza da verdade, da responsabilidade. Elas causam medo, que muitas vezes paralisa, mas quando enfrentado, é simplesmente libertador.

Em que situação na sua vida você deixou de assumir responsabilidade por medo? O que o paralisou? Falta de conhecimento? Medo do desconhecido? De provocar no outro alguma situação desagradável? Enfim, seja o que tenha sido, você deixou para trás, talvez, uma grande chance de se confrontar, de se desafiar. Quem teme a pressão, fica na superfície, não é verdade?

Precisamos ser responsáveis não só pelos nossos atos, mas por nós mesmos. Assim, se consegue chegar a um grau de maturidade que muitos gostariam.

Não é preciso manter uma vida para agradar o outro, no momento que você se preocupa mais com a sua essência, assume responsabilidade, e consegue se aceitar.

Quem você gostaria de ser sem ser você? E, por qual motivo? Quais as características e qualidades você conseguiu perceber e fizeram você escolher essa pessoa? Essas perguntas devem ser respondidas em algum momento da sua vida para que você comece a compreender melhor suas atitudes, suas ações, a forma como se comunica, como se mostra para o outro e para o mundo. Vai sinalizar que você tem potencial suficiente para ser você e não o outro.

Você acredita que tem essas qualidades? Se você disse SIM, acertou! Pois tem plena capacidade de ser essa pessoa pelo simples fato de acreditar e confiar nela.

O sofrimento que carrega e geralmente, que foi gerado na sua infância, deixa de ter o mesmo significado, você passa a decidir se deve ou não se importar com ele. Chegar a esse grau de maturidade é entender que a decisão sempre está nas suas mãos. Você é o(a) protagonista da sua própria história.

É muito mais confortável culpar o outro pela sua infelicidade que assumir a responsabilidade que ela é fruto da sua atitude, do seu comportamento.

Pare de se vitimizar e desfrute sua vida! Nunca permita que o passado lhe cause dor e sofrimento, atrapalhando seus planos, nem que o futuro gere ansiedade e o incomode a ponto de o paralisar. Viva o seu presente. Mas, para isso, você precisa permitir deixar o passado e o futuro assumirem de fato seus papéis. Eles não devem interferir no seu presente. Utilize-os como experiência (passado), e como objetivo (futuro), mas tudo na medida certa. Costumo dizer que é como o sal. Tem que ser a pitada certa, senão estraga. É o presente que está em suas mãos. Não tem como você voltar ao passado e consertar tudo para que seu presente seja diferente, tampouco pautar sua vida no futuro, pois ele é incerto. É o presente que irá dar subsídios suficientes ao futuro para se tornar um presente vindouro, prazeroso e com conquistas.

9.1. A fase do "Pode Ser", "Talvez", "Vamos Ver" e "Hum Rum"

Quantas vezes na sua vida você pronunciou uma dessas palavras? Inúmeras, não é mesmo? E, por qual motivo? Existem dois motivos claros inicialmente: o primeiro, por indecisão mesmo e o segundo por atitude de esquiva. Não está muito "a fim" de responder naquele momento, então fica mais prático falar uma dessas expressões, como se com isso estivesse "se livrando" da pessoa ou da situação.

Só esqueceu de um detalhe com relação a essa segunda opção: você não decidiu e, com isso, não deu qualquer posição a essa pessoa e, com certeza, a situação irá voltar a "perturbá--lo" e se prepare, pois a chance de ter irritado a outra pessoa é muito grande e, com isso, poderá ter que administrar dois problemas em vez de um.

Então, aprenda: é melhor você parar, ouvir e responder para a pessoa, mesmo que a resposta seja: "vamos falar disso em outro momento ou mais tarde".

Se você estiver falando com um indivíduo que seja ansioso, impulsivo, metódico, prático, nervoso, instável, é melhor parar o que está fazendo e responder o que se está perguntando, assim, a chance de "se livrar" pode ser maior e melhor para você.

Quando uma pessoa questiona algo a outra, deseja algum parecer sensato acerca da situação e não simplesmente uma resposta automática e sem sentido, demonstrando descaso ao seu posicionamento.

A fase do "PODE SER", "TALVEZ", "VAMOS VER" E "HUM RUM", como incerteza, está relacionada também ao medo de assumir a responsabilidade do risco ou das consequências, apesar de ser menos comum. Muitas vezes teme-se o futuro e se prefere viver a incerteza do presente, dificultando as tomadas de decisões, o autodesenvolvimento e o planejamento estratégico das ações. Livre-se dessas palavras. Arrisque-se e seja assertivo, dando atenção a quem lhe questiona algo. Pense que se essa pessoa pediu sua opinião, com certeza ela confia e admira você!

> **"Quem tem desejo de fazer, deverá ter responsabilidade de assumir."**
> (Renê Gois)

Capítulo 10

O medo nas diversas patologias

> "A pior parte de você ter uma doença mental, é que as pessoas esperam que você se comporte como se não tivesse.".
> (Filme *Coringa*)

De todos os problemas relatados neste capítulo, o indivíduo que cursar com um transtorno, pode claramente manifestar uma deterioração na qualidade de vida, seja familiar, profissional ou social. Por trás de cada transtorno, é ímpar entender que existe um ser humano em sofrimento e que precisa de cuidados médicos e psicológicos.

Vou me esforçar para deixar o mais leve possível as palavras aqui descritas, para que possa compreender, de maneira mais simples, o sofrimento das pessoas com cada transtorno.

Refém do medo

A dor manifestada no corpo é um sinal, muitas vezes de forma psicológica, disparado por uma emoção intensa, um sentimento, uma crença. Óbvio que existe dor física provocada por trauma físico. Mas o foco aqui será a manifestação psicológica em forma de sintomas e sinais físicos. Somos todos falíveis, afinal somos seres humanos! Você deve conhecer alguém que sofre de algum transtorno, ou você mesmo(a) pode ter algum dos transtornos descritos neste capítulo. Então, não se sinta diferente ou não permita que a pessoa que você conhece se sinta assim.

É preciso compreender que o sofrimento que o indivíduo exibe é autêntico, real, apesar de alguns não apresentarem dados clínicos, evidências médicas, ou até mesmo em exames, que evidenciem tais sinais referentes à patologia que retratam sofrer.

Muitas vezes, as pessoas querem que você seja o que elas desejam. Mas é preciso combater isso, senão haverá sofrimento, e o que menos se quer é gerar essa carga de estresse emocional. Ser diferente não é ruim. É entender que os outros não estão em sintonia com você. Se mudar a forma de falar e de ver o mundo ou situação, dessa outra maneira, conseguirá amenizar os sentimentos negativos que surgem e, com isso, os estressores também serão mitigados. Aceitar suas diferenças e limitações já é um grande passo.

As pessoas desejam colocar você em uma caixa cheia de rótulos. Não se permita! Fique fora dela, se descubra, se desnude, se mostre, assim demonstrará que o maior monstro que o aterroriza está dominado e que nada irá abalar sua confiança. Dessa forma, ninguém conseguirá abatê-lo.

Afaste-se de problemas, não de pessoas. Na maioria das vezes, as pessoas não precisam de garantias, apenas de chance, possibilidade, escuta, oportunidade e atenção. Pense nisso!

10.1. O medo do hipocondríaco

O Transtorno de Ansiedade de Doença, também conhecido como Hipocondria, é o medo exagerado de ficar doente e o indivíduo pensa frequentemente que tem uma doença grave. Potencializa os sintomas, passa a maior parte do tempo dando atenção exagerada ao corpo e acha que tem algo sério. Gosta de obter consultas com vários médicos ou fazer exames para ver se algum confirma seus sintomas. Muitas vezes, potencializa o sintoma que é mínimo e o torna como algo importante, grave e poderoso e que irá a qualquer momento incorrer em um grande prejuízo em sua (ou de alguém conhecido) saúde física e/ou mental.

O indivíduo que tem o transtorno, frequentemente acessa a *Internet*, e pode piorar seu comportamento, pois investiga, constantemente, sobre doenças e medicamentos.

Sabemos que pessoas adultas podem sentir algum desconforto ou dor no seu dia a dia. Isso é algo normal e que acontece com qualquer um. Mas para o hipocondríaco isso tem um peso muito maior.

Refém do medo

Essa patologia faz parte do grupo de Transtornos Somatoformes, ou seja, apresentam sintomas psicológicos em forma física. Esses indivíduos carregam o peso da dor de forma acentuada, pois geram aflição emocional, insegurança e dor física (algumas vezes ela é produzida, sem ter uma representatividade real). Aceitar um diagnóstico psiquiátrico é muito difícil. Infelizmente, em pleno século XXI, ainda se tem preconceito com essa especialidade. Para muitos, fazer um tratamento psiquiátrico é sinônimo de loucura, de afastamento social, de ser julgado, de lidar com preconceitos e estereótipos. É muito mais reconfortante fazer uma consulta com um Neurologista ou outro especialista que ser atendido por um Psiquiatra. Por exemplo: se a pessoa sofre de dores crônicas (recorrentes) de estômago é mais socialmente aceitável ter uma gastrite (mesmo que não apresente em exames), que ter um quadro ansioso, depressivo, hipocondríaco, ou outro qualquer, do ponto de vista Psiquiátrico. Ser aceito socialmente também faz parte do medo do Hipocondríaco.

O medo exagerado da morte, de ter ou desenvolver algo grave, faz o hipocondríaco ter prejuízos na qualidade de vida, pois a maior parte do seu tempo ele direciona para "investigar" situações, "promover" critérios que comprovem as suas suposições, e "reais" sintomas. É um temor infundado. Para uma pessoa com esse transtorno, uma simples dor de cabeça significa a presença de um tumor cerebral. Para você ter uma ideia, caso um hipocondríaco leia alguns critérios diagnósticos de algumas patologias, pode ter a convicção que terá todas elas e precisará se tratar com a máxima brevidade possível. Exibe uma intrusão de pensamentos negativos relacionados a doenças e nunca à cura!

O tratamento geralmente é feito com antidepressivos, em alguns casos com ansiolíticos e fazer psicoterapia ajuda muito no manejo comportamental do indivíduo que sofre desse transtorno.

É uma patologia que deve ser tratada pelo profissional da Psiquiatria e Psicologia.

O hipocondríaco pode fazer exames invasivos sem necessidade e deixar o médico inseguro, pois prescreve medicação, mas o discurso do indivíduo é de que não melhora.

Será que você tem tendência a ser um(a) Hipocondríaco(a)? Responda essas perguntas de maneira geral, qual seria seu comportamento imediato. Assinale apenas um item em cada questão e, ao final, analise seu resultado.

1) Se você estiver sentindo uma dor de cabeça constante, ou outra dor qualquer:

a) Você procura uma emergência ou faz uma consulta com um médico?

b) Você imagina primeiro que pode ser algo ruim/grave, e não é uma dor simples. E procura um médico.

c) Não se preocupa e nem toma medicação: vai passar.

2) Com que frequência você procura sinais e sintomas de doença em você ou no outro?

a) Algumas vezes.
b) Muito frequentemente, pois não é normal sentir aquilo.
c) Não procuro.

3) Quanto você se preocupa com doenças?

a) Algumas vezes, mas só quando sinto algo.
b) Muitas vezes, principalmente quando sinto qualquer desconforto.
c) Não me preocupo.

4) Gera angústia essa preocupação?

a) Talvez. Algumas vezes.
b) Sim. Na maioria das vezes.
c) Não. Não me preocupo com doenças.

5) Com que frequência você busca na *Internet* informações a respeito de patologias (doenças)?

a) Algumas vezes.

b) Sempre.

c) Não procuro.

6) Quando o médico diz que você não tem nada, que está tudo bem, você:

a) Acredita, mas checa na *Internet*.

b) Não acredita. E marca outro profissional ou pede exames para certificar melhor.

c) Acredita e pronto. Volta radiante por não ter nada.

7) Você confia no médico que procurou?

a) Talvez.

b) Não.

c) Sim.

8) Você acredita que a sua preocupação com a saúde tem impacto na sua vida pessoal e profissional?

a) Talvez. Perco algum tempo com isso.

b) Sim. Pois procuro alguns médicos para checar a minha saúde, fazer exames, vivo olhando os sintomas na *Internet*.

c) Não, porque não me preocupo com minha saúde.

9) Você está constantemente se autoexaminando?

a) Só às vezes.

b) Sim. Sempre que sinto algo ou às vezes noto que busco encontrar alguma coisa em mim.

c) Não.

10) Você precisa de algum conforto de familiares ou amigos com relação ao que sente?

a) Na maioria das vezes.

b) Sempre, afinal um conforto, uma palavra, um afago são sempre bons quando estamos sentindo alguma coisa.

c) Não. Quando sente algo você se autorregula emocionalmente.

11) Qual sua frequência com uso de medicamentos?

a) Uso sempre que sinto dor, na maioria prescrito por médico,

b) Uso quando sinto dor e às vezes para prevenir, mesmo sem sentir dor (faço uso de automedicação).

c) Não uso medicações. Só em último caso e prescrito por médico.

12) Quando viaja, leva sempre na bolsa ou mala:

a) Somente analgésicos.
b) Remédios variados, afinal posso precisar.
c) Não levo remédios.

Respostas:

Maioria A:
Parabéns! Você consegue manter um equilíbrio no que tange às doenças e manifestações clínicas, principalmente relacionadas a você. Não permite que o medo atrapalhe ou interfira no seu dia a dia com as questões de saúde. Você confia no diagnóstico Médico.

Maioria B:
Cuidado! Você apresenta tendência a ser um(a) hipocondríaco(a). Está permitindo que seu medo tome forma dentro de você. É interessante procurar uma ajuda médica para que não venha a se tornar um transtorno. O cuidado exagerado com a saúde não faz bem.

Maioria C:

Sinal amarelo para você! Apesar de não dar muita importância ao quesito saúde, deve ficar atento quando sentir algo, pois pode negligenciar com algo mais grave. É interessante, se os sintomas continuarem, procurar um especialista.

É preciso compreender que a pessoa hipocondríaca não tem "mania de tomar remédio", ela tem um transtorno mental e precisa ser acompanhada por um profissional especialista. É uma pessoa que está em sofrimento psíquico, sente dor, medo, insegurança, sente falta de carinho, atenção, acolhimento. Está fragilizada emocionalmente e visivelmente discriminada socialmente.

10.2. O Paciente no TOC – Excesso de controle ou falta dele?

TOC significa Transtorno Obsessivo Compulsivo e tem base neurobiológica. Pacientes com esse transtorno apresentam pensamentos intrusivos e comportamentos de maneira repetitiva. Caracteriza-se pelas obsessões e compulsões. Obsessão é o pensamento ou imagem de maneira impulsiva, recorrente e persistente de forma indesejada. Compulsão é o comportamento repetitivo ou comportamento mental (ato mental – ex.: contar silenciosamente algo) de forma cíclica, periódica em resposta à obsessão, causando sofrimento e elevando a ansiedade, que na grande maioria acontece para amenizar essa ansiedade que é gerada, assim como os sofrimentos psíquicos que vêm arrolados ao transtorno. Sei que para quem não é da área, pode parecer complicado, mas, acredite, estou fazendo o possível para passar de forma mais leiga, mais leve e mais compreensível possível, a complexidade dessa patologia.

As compulsões e obsessões causam prejuízo ao funcionamento mental do paciente, levando-o a um desgaste psicossocial de si mesmo, mas extensivo a pessoas próximas.

Por mais que não desejem lembrar dos rituais, eles não têm controle. É preciso seguir algumas regras rígidas para que possa romper com esse sofrimento. Muitos pacientes se esforçam para neutralizar esses pensamentos com outras ações, mas muitas vezes é em vão.

Na crença e no medo enorme que ele cria, começa a manifestar comportamento de evitação. Ele também acredita em certos rituais que podem controlar ou alterar o curso de coisas ou de doenças que podem acontecer. É preciso identificar para o paciente que essas crenças podem ou não ser verdadeiras.

Os pacientes com TOC têm tendência a demonstrar crenças disfuncionais e a ter um senso de responsabilidade maior do que o normal, a superestimar ameaças e ter um alto grau de perfeccionismo e intolerância a incertezas.

É preciso compreender que o indivíduo com TOC apresenta prejuízos na qualidade de vida social, familiar e profissional. E tudo isso está associado à gravidade do sintoma. Muitos pacientes podem impor regras na conduta familiar e, com essas atitudes, apresentar uma disfunção na conduta doméstica.

Refém do medo

O indivíduo pode deixar de frequentar certos lugares ou fazer coisas boas, prazerosas por medo de adoecer ou sentir medo de que pessoas próximas possam vir a morrer. Demonstra medo de contaminar a si ou o outro, pode achar que é capaz de prejudicar a todos.

Tive um paciente que não conseguia ir a restaurantes com receio de se contaminar com os copos, pratos e talheres. Tivemos um grande avanço quando, de fato, enfrentou seus medos e resolveu ir com a esposa a um restaurante. Chegando lá, pediu que trocassem os talheres, guardanapos e pratos que estavam sobre a mesa. Ao receber os novos, fez questão de "limpar" com o guardanapo, um a um, olhando criteriosamente se havia algum indício de impureza. Pediu novo guardanapo. Não bebia nada em lata. Solicitou água mineral em garrafa e aberta em sua frente com um guardanapo, colocando o líquido no copo. Parece pouco, mas foi um grande avanço. Esse paciente estava enfrentando nesse momento seu maior monstro: ele próprio. Seu medo foi "sua própria cria". Ele deu a dimensão que queria dar, mesmo inconscientemente. A partir dessa ida ao restaurante, ele provou a si mesmo que sobreviveu e que era capaz de enfrentar seus monstros. O próximo passo era não limpar novos talheres e pratos. Depois não pedir para trocar. E acredite, ele conseguiu. Não foi rápido nem simples. Para conseguir fazer essas três etapas, o paciente precisou estar em tratamento por quase seis meses. Contei esse relato para que possa compreender que o TOC tem condição de melhora, mas é preciso enfrentar a si, é preciso encarar seus medos e analisar racionalmente o que de fato é real e o que é crença disfuncional. Ou seja, o que realmente prova que acontecerá o que pensa, se acaso não o fizer? Ex.: trancar e destrancar a porta da rua duas vezes ao sair. O que vai acontecer realmente se sair e trancar apenas a porta uma única vez? Que tal esse paciente fazer esse teste? Será bastante tenso para ele, mas será altamente recompensador e libertador ao ver que nada aconteceu.

A compulsão consiste em rituais repetitivos. O paciente fica angustiado. E por meio do ritual consegue se sentir mais aliviado, mesmo que temporariamente. O pensamento intrusivo do paciente com TOC é altamente angustiante.

Os rituais mais comuns são: de verificação e checagem (checa se realmente fez, com medo de causar alguma catástrofe ou acidente); higiene e limpeza (lava muitas vezes a mão, ou com limpeza de casa); ordenação (organiza com assimetria); coleção/acumuladores (não gostam de se desprender das coisas que não têm mais valor); lentidão obsessiva primária (leva tempo em tarefas simples por medo ou dúvida), perfeccionistas (têm medo de perder o controle), terminam gastando muito tempo com esses rituais e, com isso, geram sofrimento e perda de tempo.

É possível apresentar também comportamentos onde exibe pensamentos de cunho sexual ou religioso.

O indivíduo com TOC acredita que muitos dos acontecimentos estão relacionados com as coisas que ele fez ou como agiu e, com isso, pode se prejudicar ou prejudicar alguém.

O Transtorno se agrava com o passar do tempo. É preciso iniciar o tratamento o quanto antes. O indivíduo tem consciência de seus comportamentos. Alguns escondem por vergonha ou medo de não serem aceitos.

Existe um sofrimento associado. E é considerado uma doença crônica e grave. É preciso ser tratado, pois pode exibir flutuações. Manifesta-se geralmente a partir da infância, mas seu pico é na adolescência e no jovem adulto. São mais sensíveis ao estresse, e geram ansiedade.

As medicações geralmente são antidepressivas que ajudam no controle dos pensamentos obsessivos, e é interessante psicoterapia, preferencialmente Terapia Cognitiva Comportamental ou Análise Comportamental, ou aquela que se sentir melhor e for eficiente. A associação de medicamento e psicoterapia é muito importante para aliviar o sofrimento e pode até eliminar alguns rituais. A terapia irá corrigir as crenças distorcidas, fazer uma reestruturação cognitiva, testar a veracidade para que ele possa entender se é verdade ou não aquilo que entende como verdadeiro. Sabe-se que as bases neurobiológicas e a interação ambiental influenciam o indivíduo a desenvolver TOC.

É preciso salientar que existe uma diferença entre TOC e Transtorno de Personalidade Obsessivo-Compulsiva, como retrata o DSM-V (Manual Diagnóstico e Estatístico de Transtornos Mentais – 5ª edição), onde diz que o Transtorno de Personalidade "não é caracterizado por pensamentos intrusivos, imagens ou impulsos ou por comportamentos repetitivos que são executados em resposta a essas intrusões; em vez disso, ele envolve um padrão mal adaptativo duradouro e disseminado de perfeccionismo excessivo e controle rígido". Um paciente que tem TOC geralmente apresenta comorbidades, na grande maioria algum transtorno de Ansiedade.

O paciente com TOC vive em sofrimento constante, alguns vivem "driblando", e se escondem muitas vezes dentro de padrões socialmente aceitos como é o caso da seletividade alimentar, da organização, da arrumação do ambiente, da higiene. Muitos deles não percebem a questão como algo disfuncional em suas vidas, alguns até dizem que se sentem bem em ser assim, mas no fundo todos sabem que existe um certo exagero nas suas atitudes, basta apenas se compararem a outras pessoas do dia a dia, aquelas que estão diariamente com eles e notarão que existe algo estranho.

Reconhecer e legitimar a doença é um passo muito difícil (quase impossível para alguns), mas muito necessário para que iniciem a quebra de padrões e possam se sentir menos acorrentados.

Quero aqui relatar um caso clínico de uma paciente, que aparentemente fugia do padrão "natural" do TOC. Essa paciente, uma jovem com menos de 30 anos, demonstrava um sofrimento muito intenso e que não conseguia controlar.

Refém do medo

Relatou que se sentia muito excitada em se exibir para os homens, principalmente quando fazia aulas de capoeira. Gostava de vestir roupas que excitasse o professor, em especial. Segundo a mesma, ele entrou no "jogo" e usava a calça sem cueca. Depois ela começou a despir-se na janela para que homens a olhassem e a desejassem. Sempre erotizando seu comportamento. Passava por ambientes mais masculinos com a intenção de provocar. Notava-se que em seu discurso havia falhas que não coadunavam com uma realidade. Poderia estar fantasiando as cenas e seu comportamento. Tinha que ouvir atentamente e levantar as hipóteses diagnósticas para poder tratá-la de forma adequada. Parecia um Transtorno Comportamental Sexual desviante e atípico. Apresentava algumas características como desejo e comportamento sexual que envolvia sofrimento psicológico, demonstrava angústia pessoal acerca de seu comportamento exibicionista, apresentava um comportamento parafílico de excitação. Exibia também interesse erótico e sexual intensos, porém com um aspecto obsessivo e compulsivo. Demonstrava uma hipersexualidade.

Inicialmente achei que fosse um caso de Exibicionismo, segundo DSM -V – Transtorno Parafílico – Transtorno de Exibicionismo. O termo parafilia representa qualquer interesse sexual intenso e persistente conforme o DSM -V.

Diante de um cenário complexo e muitos critérios diagnósticos conturbados, optei por levar o caso para uma discussão na área da Psiquiatria, ouvi alguns colegas, em especial o Psiquiatra que a indiquei para tratamento medicamentoso para aliviar os sintomas negativos e que lhe causavam sofrimento psíquico. Surpresa fiquei quando, nas discussões, ventilou-se a hipótese de se tratar de TOC e não de Transtorno de Parafilia (Transtorno de Exibicionismo). Debrucei-me sobre artigos e livros e dediquei parte do meu tempo para mais estudos acerca do novo diagnóstico. Se algo me instiga, eu persisto na busca.

Li diversos artigos, mesmo porque o quadro não ficou fechado como TOC na discussão clínica, precisava de mais consultas para avaliarmos com cautela. Após alguns encontros, ficou confirmado que a paciente apresentava Transtorno Obsessivo Compulsivo com ênfase em disfunção sexual comportamental. Foi tratada pelo Psiquiatra de forma medicamentosa e não mais compareceu às consultas de acompanhamento para tratar da disfunção e sofrimento.

Infelizmente, não podemos obrigar o paciente a fazer o acompanhamento necessário, e temos que passar para ele a responsabilidade de desejar fazer aderência ao tratamento para amenizar seu sofrimento e melhorar a qualidade de vida. Lamentavelmente, isso acontece com muitos: abandonam o tratamento.

Talvez por não acreditarem, por se sentirem um pouco melhor e crer que já estão "curados" ou ainda por desinteresse mesmo. Esse fato não acontece só com pacientes com TOC, mas com qualquer patologia.

O medo que cerca o paciente com TOC é exaustivo, muitas vezes escondido dentro dele com receio de se expor e ser julgado de maneira errada.

Não existe melhora sem tratamento. É preciso se cuidar, e acreditar na conduta terapêutica do profissional.

10.3. A Síndrome do Pânico e o medo sufocante

A Síndrome do Pânico pertence ao grupo dos Transtornos Ansiosos, mas não é Ansiedade. É diferente na intensidade do sintoma, na duração e na imprevisibilidade da ocorrência. A crise do pânico não tem hora nem motivo para acontecer. Ela é de forma periódica, se repete várias vezes, é de maneira abrupta, dura, em média, de 15 a 30 minutos de forma intensa. O medo de morrer toma conta das emoções do paciente, desencadeando uma série de sintomas psicofísicos desagradáveis, potencializando ainda mais o medo, entrando em algo cíclico: se lembra do fato estressor, desencadeia os sintomas, gera-se o medo, e com isso os sintomas se acentuam e o medo de morte se eleva, e novamente os sintomas se acentuam. Manter a calma nesse momento é essencial, mas é praticamente impossível.

Passada a crise, o indivíduo pode se apresentar diferente em virtude do alto nível de adrenalina e noradrenalina que foram liberadas. Pode exibir boca seca, enjoo, formigamento, dor no peito, sensação de frio e calor, medo de perder o controle, palpitação, dificuldade para respirar, suor frio, fraqueza, dor no estômago, zumbido, sensação de desmaio, dentre outros. Vale ressaltar que esses mesmos sintomas podem ocorrer na Ansiedade, no Transtorno de Estresse Pós-Traumático, nas Fobias e outras patologias. O que irá diferenciar serão alguns critérios diagnósticos, assim como entender as características específicas de cada doença.

O ataque de pânico causa sofrimento intenso porque traz a crença de morte. Para o paciente com Síndrome do Pânico, o medo súbito e crença de morte são evidentes e reais. O medo de morrer na crise é muito forte. Desenvolve uma preocupação muito grande com as coisas e, com isso, altera seu comportamento. Passa a ficar mais recluso, tem medo de sair de casa, para ele o fato é real e pode acontecer a qualquer instante. Lidar com essa sensação diariamente leva a um desgaste físico e emocional tanto do paciente (em maior escala) quanto para a pessoa que convive com ele.

É o medo de sentir medo. Principalmente se o fato aconteceu no passado, o indivíduo sente medo de ter novamente. Ficam registrados no seu cérebro todos os sintomas e sensações que vivenciou. Apresenta sintomas incapacitantes e, de alguma forma, constrangedores para ele. Essas situações terminam por induzir ao medo e, com frequência, passam a ser evitadas. O indivíduo apresenta uma repulsa a situações ou objetos que lhe causam esse temor extremo, toda vez que ele entra em contato com o estímulo fóbico.

Devido a diversos fatores contextuais, o indivíduo, durante a exposição aos elementos ameaçadores e estressores pode apresentar um quadro dissociativo, chegando a desmaiar. Para ele, não é um simples medo, e de fato não é. Existe algo com uma intensidade e durabilidade muito maior, além de desencadear diversos fatores psicofísicos que causam angústia, sofrimento e medo de morte.

Ele experimenta ataques inesperados, recorrentes e persistentes, levando-o a alterações comportamentais desadaptativas. O desconforto é grande e iminente.

É muito importante procurar um médico Psiquiatra para avaliar melhor e prescrever a medicação correta. Associar uma psicoterapia é fundamental para modificar a forma de pensar e,com isso, possa se libertar de crenças disfuncionais.

10.4. Transtorno de Ansiedade – O medo do futuro

O Transtorno de Ansiedade é uma condição que tem como característica um sentimento que cria expectativas, se apresenta com medos exacerbados, com preocupações excessivas. Sua raiz está no medo. Manifesta-se de maneira intensa, persistente e excessiva. A Ansiedade é uma experiência humana normal e faz com que nos preparemos para a fuga.

Antecipação de preocupações, problemas, medos sem motivos concretos são situações vívidas de indivíduos com ansiedade. Eles mantêm pensamentos obsessivos e persistentes. Demonstram preocupações constantes e de forma excessiva, podendo ser no âmbito escolar, familiar, profissional, social, pois eles não conseguem dominá-los. Manter o controle em determinadas situações é algo quase impossível, e com isso experimentam sintomas de fadiga intensa, irritabilidade (com "os nervos à flor da pele"), tensão muscular, dificuldade de concentração, lapsos na memória, baixa qualidade do sono (insônia ou hipersonia).

Um desafio pode gerar, para essa categoria de pacientes, um alto grau de ansiedade. Seu humor pode oscilar durante o dia, a depender de cada situação, podendo ser confundidos com indivíduos com TAB (Transtorno Afetivo Bipolar em fase de mania), por essa razão é muito importante ter um atendimento com um especialista.

Alguns sintomas como sudorese (suor excessivo), inquietação, taquicardia (palpitação rápida do coração), fadiga (cansam-se facilmente), podem surgir, além de não conseguirem relaxar, sempre fazem algo para se manter ativos, podem apresentar esgotamento físico e mental, ter insônia, trazendo sofrimento à vida social, familiar e profissional dos indivíduos e de quem estiver ao seu lado.

Muitas vezes, a pessoa com Transtorno de Ansiedade faz muitas coisas, muitos movimentos, gasta energia, e no fundo não fez muitas coisas, mas se cansou com excesso. Outros fazem de fato muitas coisas pelo simples motivo de se verem ativos, porque não conseguem se ver no ócio. Esse sentimento para um ansioso é algo negativo. Ele precisa se manter ativo, sempre apertando o botão "mais". Mais trabalho, mais realizações, mais tarefas a executar, mais preocupações para ocupar seu tempo.

O tratamento é difícil e necessita de acompanhamento psiquiátrico e psicológico. Pode afetar pessoas de todas as faixas etárias. As causas podem ser diversas, e não são completamente conhecidas, mas sabemos que podem ser por condição psicológica, fatores genéticos, doença física ou ambiental.

O medo do medo e o medo do futuro são fatores que causam o maior desconforto no paciente ansioso. O comportamento ansiogênico traz instabilidade ao paciente e, com isso, o deixa fragilizado para o enfrentamento das situações que o mobilizam. Por essa razão, é primordial um acompanhamento médico-psicológico.

Para o indivíduo com Transtorno de Ansiedade, a música seria Epitáfio – dos Titãs com o trecho: "deveria ter complicado menos, trabalhado menos, ter visto o sol se pôr". Faço um convite para você internalizar esse trecho da música e rever o que pode fazer por si. Estruture melhor suas ações, seus pensamentos e encontre o equilíbrio para que possa ter uma melhor qualidade de vida. Atividades tipo Meditação, *Mindfulness* são interessantes para relaxar a mente ansiosa.

10.5. O medo de envelhecer – O fantasma da demência

Demência é uma desordem cerebral progressiva, sem cura, em que as células cerebrais se degeneram, os neurônios são danificados e perdem as conexões. O Medo de envelhecer afeta muitas pessoas, principalmente aquelas que já passaram de uma certa idade, geralmente 60 anos, mas é muito forte a tendência de manifestação do medo do envelhecimento em pessoas jovens, com 20 a 30 anos. A cultura do corpo perfeito, muitas vezes, afeta o enfrentamento natural da evolução do corpo, o processo natural de envelhecimento.

Atualmente, é comum as crianças e adolescentes terem uma preocupação com sua imagem física e se esquecerem da imagem emocional, cognitiva e mental.

Se for analisar racionalmente, esse é o único medo que deveríamos (ou não) apresentar, pois é a única certeza de que temos: a morte. Ela chegará para todos, a uns prematuramente, para outros não. Somos limitados e deveríamos ser plenos nessa questão. Deus nos deu o poder de saber da nossa finitude para que pudéssemos desenvolver o melhor das nossas capacidades, ter uma vida em que pudéssemos dar o melhor, nos preparar para a chegada da nossa partida, mas a grande maioria se assusta e acredita muitas vezes que não chegará a sua hora ou de uma pessoa próxima e querida.

É preciso entender que todos estão envelhecendo a cada minuto que se passa, só não nos damos conta de notar essa maravilha – a transformação!

Envelhecer não é tão ruim e nem é a pior das coisas, veja o quanto você já construiu de capital intelectual ao longo de sua vida, quanto de experiências vivenciou, quantas histórias construiu e pode repassá-las adiante.

Ter cabelos brancos, rugas, pele, braços e pernas flácidas, músculos que já não atendem como antes, não são nada em comparação a sua biografia que realizou nesse período. Você pode falar com maestria, com sabedoria, com experiência, fatos que uma pessoa mais nova não vivenciou e ainda não conhece.

A troca de experiências é fantástica! Ser idoso com autonomia é simplesmente maravilhoso! Você tem liberdade, você constrói seu horário de trabalho (seja doméstico ou não), você pode em pleno meio da manhã ou tarde sair e dar um passeio. Fazer o que deseja. Lembre-se de que estou falando em desejos plausíveis. Não se pode falar em sonhos e desejos, que não são fidedignos. Como pode desejar no meio da semana ir para Mônaco passear em uma super lancha ou iate de milhões de dólares se não tem? Ou fazer viagens internacionais a cada dois meses, com duração mínima de 30 dias, se não disponibiliza recurso financeiro para isso? Mas pode pensar em fazer um cronograma em que consiga colocar semanalmente encontros sociais, seja com amigos, familiares, incluindo netos ou sobrinhos, vizinhos, ex-colegas de trabalho, ou mesmo sozinho.

Você precisa entender que para curtir o ambiente não necessariamente precisa estar acompanhado. Às vezes é bom, mas também às vezes é bom estar só. O importante é saber aproveitar o momento.

No que tange ao fantasma da demência, o indivíduo exibe um comportamento preocupante e algumas vezes até nefasto. Falo isso com muita propriedade, pois sou especialista na área, e trabalho com estimulação cerebral – reabilitação neurocognitiva, diariamente, e faço, modéstia à parte, com muita dedicação, amor e empenho.

Vou relatar aqui algo que aconteceu comigo. Em certa fase da minha vida, comecei a notar algumas falhas no meu processo de memória operacional. Comecei a ficar preocupada, mas não dei muita atenção porque tinha muito trabalho a executar (trabalhava em um hospital público como voluntária, em um outro particular, atendia em uma clínica particular e ainda no meu consultório), estava envolvida em uma graduação (na época concluindo a segunda e em vista da terceira), fazia uma pós-graduação, além de atender a pedidos de entrevistas em rádio, TV, dar palestras em eventos (congressos, empresas), responder perguntas de internautas em *sites* credenciados e, por fim, atender aos trabalhos domésticos e familiares! Simples assim. E a vida continua, não é mesmo? Só que os lapsos amnésicos estavam evoluindo e cada vez mais eu me preocupava. O medo foi tomando conta de mim, mas sabia que não podia dar voz a ele, não podia alimentá-lo senão poderia ser pior. Fui a um amigo Neurologista que não imaginava que eu estava ali diante dele com medo de estar evoluindo com sintomas de DA (Demência de Alzheimer).

Ele disse para que eu tirasse isso da cabeça e fosse relaxar. Não me conformei. Fui pedindo a ele os exames que eu gostaria de fazer e ele disse com muita propriedade: "nunca vi uma paciente ditar ao médico os exames que deseja fazer!". Isso mesmo, imagine meu desespero nesse momento: eu que trabalhava com DA, fazia as estimulações cerebrais e o meu cérebro estava evoluindo com os mesmos sintomas daqueles pacientes. Só para lembrar, na época eu tinha 48 anos e segundo o CID 10 (Classificação Internacional de Doenças – 10a edição) é considerado Demência de Alzheimer de início precoce pacientes abaixo de 65 anos e a prevalência é entre 5 a 10%. Muito raro! Bem, já tive paciente de 52 anos (uma Engenheira ativa) que evoluiu precocemente e de maneira rápida, e não conseguia nem mais escrever seu próprio nome. Outra, era bancária, seus lapsos começaram aos 48 anos, mas aos 56 anos, mal conseguia conversar, e quando fazia não tinha conexão nem coesão na sua fala, seu olhar era vago, pedia socorro, sabia que algo não ia bem, não entendia, mas sabia que não era bom. Tinha também a história de um advogado bem-sucedido que, aos 58 anos, já começava a apresentar falhas mnemônicas, não deu importância, e aos 69 os sintomas estavam maiores e quando foi investigar já estava com parte do cérebro deteriorado. Esses casos começaram a tomar corpo dentro de mim e foram acendendo a luz vermelha porque eu mesma fiz questão de acender. Devem estar se perguntando sobre o resultado. Ora ora, não é que o meu amigo estava correto? Puro estresse! Fiz exames de todos os tipos, ressonância do encéfalo com *PetScan*, exames laboratoriais incluindo também biomarcadores, até exame de líquor fui submetida. Quando saiu o resultado, parei, e disse a mim mesma que eu precisava de umas férias. Isso mesmo, eu não sabia o que eram férias, só intervalos pequenos de pausas (fim de semana prolongado). Resolvi viajar e tirar 30 dias de férias. No início, confesso que não conseguia relaxar, ainda estava muito ligada à rotina do consultório e das coisas do meu dia a dia, mas na segunda quinzena eu relaxei, ou melhor, eu me permiti relaxar e acredite, foram dias maravilhosos, não só pelos passeios, mas porque "a minha memória havia voltado!". Eu voltei para a minha rotina mais forte, mais confiante e sabendo que é preciso ouvir de fato o especialista, acreditar no que diz e que é preciso desligar-se um pouco e aproveitar essa maravilha chamada de VIDA que Deus nos deu com tanta maestria, e que muitas vezes negligenciamos.

Minhas dicas são: procure orientação de um especialista e não ignore os sinais que seu corpo demonstra. Outra dica valiosa: não tema a idade. Se você esconde sua idade, é sinal de que não está satisfeito(a) com você e com sua vida. Entenda e aceite o processo de envelhecimento.

Algo importante: faça estimulação cerebral, pois quanto mais e melhor for a estimulação, maior será o número de conexões que as células nervosas (neurônios) irão criar, possibilitando uma neuroplasticidade, ou seja, criarão novos caminhos "contornando, driblando" as lesões cerebrais, retardando o processo do declínio cognitivo. A Reabilitação Cognitiva deve ser constante, diversificada, com graus de dificuldades (dependendo de cada indivíduo) ao longo da vida.

Não tema a velhice ou a demência! Cuide da sua saúde mental dando foco a atividades cognitivas e físicas saudáveis, com isso o fantasma da demência ficará mais distante. Não se permita pensar em doenças. Cada fase da vida tem uma história a ser vivida, por essa razão são tão especiais.

Se ficar focando no passado e temendo o futuro sua vida fica estagnada, perde a qualidade e a essência. Viva da melhor forma que puder.

Aprenda a viver, a curtir mais os seus momentos, faça o que gosta. Se você se sentir limitado(a) a executar algo, peça ajuda, isso não irá diminuir ou desqualificar você. Nós criamos mil razões para justificar e poucas para executar!

10.6. Fobias - Identificando e sabendo lidar com elas

A Fobia faz parte do Transtorno de Ansiedade. É caracterizada pelo medo ou ansiedade intensa de alguma coisa (geralmente objeto, animal ou situação). O indivíduo que tem alguma fobia demonstra um comportamento de esquiva. Muitas vezes, só em pensar no objeto ou situação, pode causar um desconforto emocional intenso. É um medo claro, vivo e persistente, fora de proporção em relação ao que de fato se apresenta.

A pessoa evita pensar, falar e ir a locais que apresentam esse objeto, animal ou situação que lhe causam tal desconforto. A fobia é psicopatológica, ou seja, é uma doença do campo da saúde mental. A causa da fobia tem algumas razões e uma delas é que o indivíduo geralmente pode ter sido exposto a esse trauma, causando uma mudança disfuncional na forma do cérebro funcionar. O cérebro grava como se fosse um perigo (medo emocional) e passa a ter reações de medo involuntário como se fosse de fato perigo iminente. Quanto mais tempo demorar a ser tratado, mais difícil fica a reprogramação cognitiva.

A Fobia causa prejuízo na vida pessoal, profissional, social, cognitiva, e com isso diminui a qualidade de vida do indivíduo.

A ansiedade que é gerada é desproporcional ao que é real, e gera medo de maneira antecipatória, provocando taquicardia, tremor, calafrio, falta de ar, desconforto no peito, nervosismo, insegurança, preocupação e sensação de morte. Causa essa avalanche de sintomas físicos no indivíduo e gera estresse exacerbado, aumentando o nível de cortisol (hormônio do estresse) no organismo, que quando desregulado, nesse caso, com nível bem elevado, pode causar descompensação da pressão arterial e do nível de açúcar no sangue. Trazendo outras disfunções orgânicas.

Geralmente, a pessoa é catastrófica e tem pensamento negativo. Algumas vezes, os pais podem passar seus traumas e medos aos filhos por meio de seus comportamentos e gerar algum medo fóbico. É importante salientar que todo e qualquer comportamento é reproduzido, ou seja, é aprendido e replicado.

Existem diversos tipos de fobias, as mais comuns são: Fobia Específica (objetos, situação – medo de voar, de altura, de animais, de locais fechados, local onde ocorreu um trauma seja assalto, acidente etc.) e Fobia Social (medo de falar com pessoas, falar em público etc.).

Qualquer Fobia pode se desenvolver por instrução de alguém ou diretamente com o trauma. A sua interpretação pode supervalorizar o perigo de forma errônea e por meio de pensamentos disfuncionais se colocando como algo perigoso. A maioria das pessoas fóbicas não sabe a origem do medo, algumas subentendem que ocorreu em virtude de um determinado evento estressor (que muitas vezes foi só o gatilho), e outras, de fato, identificam o que e como aconteceu o medo fóbico.

É importante procurar ajuda de especialistas, pois causa sofrimento. Sabe-se que a Fobia é algo temporário e pode ser tratada, fazendo com que o indivíduo consiga se livrar dessa situação tão castrante, cheia de sofrimento e altamente paralisante.

O tratamento difere de profissional para profissional, principalmente se for de áreas distintas (Psiquiatra e Psicólogo). Na Psicoterapia, o profissional pode lançar mão de técnicas utilizadas no TEPT (Transtorno de Estresse Pós-Traumático), descrito a seguir, para minimizar os impactos psicológicos negativos, e neutralizar os estímulos estressores.

10.7. TEPT – Transtorno de Estresse Pós-Traumático

O Transtorno de Estresse Pós-Traumático (TEPT) é um transtorno mental que também está incluso nos transtornos de ansiedade. Geralmente se inicia após um evento traumático e leva o indivíduo a reviver o trauma seguidamente. Ele pode ter sido vítima de agressão física ou psicológica, acidente, desastre, ou qualquer outro trauma, que tenha presenciado, sem propriamente ter sido com ele o evento estressor, por exemplo, pode ter visto um colega de trabalho perder um braço em uma máquina ao estar trabalhando. Com isso, fica impedido de prosseguir em suas atividades profissionais, pois ao ter contato com o ambiente traumático, revive a cena com as emoções causadas naquele instante, desencadeando toda uma cadeia de sintomas psicofísicos (taquicardia, sudorese, sensação de desmaio etc.), além de elevação da ansiedade. Dificultando seu trabalho na área onde estão as máquinas e onde executa seus serviços.

Esse tipo de Transtorno pode acontecer com qualquer indivíduo e em qualquer faixa etária. Basta ter sido exposto a um trauma físico e/ou psicológico. Tende a causar ansiedade e sofrimento. Vale ressaltar que nem todos que vivenciam momentos traumáticos desenvolvem TEPT.

A exposição ao evento estressor tem a ver também sobre como as estruturas neurais são afetadas. O TEPT é visto como uma falha nesse mecanismo na recuperação individual após um estressor traumático. Indivíduo com TEPT exibe padrões neuronais diferentes.

A pessoa com esse transtorno não apresenta capacidade emocional para se regular, depende das suas crenças que irão fazer com que ele permaneça ou não no sofrimento psíquico.

Pode apresentar sensações angustiantes, pesadelos, pensamentos intrusivos do trauma, insônia, reações fisiológicas e dissociativas, comportamentos evitativos, como locais e pessoas que lembrem os eventos traumáticos, crenças exageradas do futuro, podendo ter interferência na cognição, concentração, apresenta desesperança, comportamento irritadiço, desvalor, emoções disfuncionais negativas e com dificuldade de ter emoções positivas, fica hiper-vigilante para ver o que está ao seu redor. Por essa razão, percebe o mundo como algo perigoso e não se vê capaz de sair desse ciclo. Aumenta a ansiedade e podem surgir ataques de pânico. A revivescência (*flash back*) acontece e modifica o estado emocional.

Os traumas podem ser diversos: assalto, sequestro, violação sexual, acidente, desastre, ameaças etc. O indivíduo submetido a isso desenvolve medo paralisante e não consegue passar novamente ao local que aconteceu ou estar com a pessoa que provocou o estímulo estressor.

É preciso montar uma estratégia de exposição, de forma gradual, expondo-o, gradativamente ao evento estressor, para que a ansiedade entre num platô e consiga equilibrar para chegar à extinção de memória (forma-se nova memória, para que o que ocorreu no passado possa ser acessado, mas sem que haja sofrimento), diminuindo as respostas fisiológicas de medo ao que aconteceu. Pode ser em *set* terapêutico ou ir ao local onde o fato ocorreu de maneira gradual, sem que cause algum colapso.

É importante conhecer como esses traumas se reportam na vida do indivíduo, como esses pacientes montam suas estratégias para saber lidar com o transtorno e como é seu funcionamento neuropsicológico.

A supressão de pensamentos positivos pode aumentar os pensamentos intrusivos negativos. Por essa razão, é interessante ter um acompanhamento com profissional especialista. O estresse pós-traumático é algo individual, como o paciente se enxerga no transtorno, no trauma e na vida, e como está regulando suas emoções.

É importante salientar que pessoas que passaram por estresse ou desenvolveram TEPT se recuperam. Algumas em pouco tempo, outras nem tanto. Dependerá de diversos fatores como: causa e impacto do trauma no indivíduo, sua regulação, sua disposição para aderência ao tratamento e desejo de melhorar. É importante não permitir que o indivíduo se esconda atrás de suas emoções para conquistar ganho secundário (muitas vezes se fazendo de vítima, desejo de atenção, recebimento financeiro, manter-se em afastamento profissional etc.).

Pode afetar outras pessoas de forma indireta devido ao comportamento disfuncional do paciente. É imprescindível a ajuda médica, neuropsicológica e psicológica com abordagem Cognitiva Comportamental, sendo a mais indicada e com melhor eficiência, educando o paciente acerca do trauma, melhorar a adesão ao tratamento, informar sobre o transtorno, adotar técnicas de reestruturação cognitiva, terapia de exposição e prevenção à recaída.

10.8. A Depressão e o medo

A Depressão é uma doença provocada por uma disfunção bioquímica do cérebro. Porém existem diversos fatores que também podem ocasioná-la como uso abusivo de álcool, disfunção da tireoide, traumas, drogas ilícitas, ou até mesmo alguns medicamentos.

A Depressão é crescente e acomete indivíduos de várias faixas etárias, incluindo crianças. Exibe altos e baixos, devido ao curso da própria doença. Ela também tem diversos estágios como leve, moderado e grave. Pode induzir o indivíduo ao suicídio se não tratada.

É preciso que a pessoa fale sobre o que está sentindo, ouvindo-a sem julgamentos. A escuta e o acolhimento farão a diferença. O não julgar nesse momento é crucial.

A pessoa não escolheu estar daquela forma. Para ela é difícil qualquer manejo comportamental, porque não vislumbra forças para sair daquela situação. É preciso entender que Depressão é doença e precisa ser tratada como tal. Não é preguiça ou descuido.

A pessoa com depressão se vê incapaz, seu objetivo e busca de sucesso estão distantes e inalcançáveis. O depressivo olha para trás e não consegue ver nada de bom que fez. Sempre está ligado ao pensamento de "menos". Menos alegria, menos trabalho, menos desprendimento, menos energia nas coisas, menos contato com pessoas. Não se preocupa em fazer algo com empreendimento mais arrojado, não pensa em seu futuro, não se preocupa com sua vida.

O transtorno depressivo pode ser único, recorrente ou persistente (Distimia) e pode variar de pessoa para pessoa.

A característica mais importante desse transtorno é a presença de humor rebaixado (tristeza profunda, vazio existencial, humor irritável), acompanhado de sintomas com alterações psicofísicas como déficit na concentração, hipersonia, fadiga, alterações no afeto, na cognição (apresenta lapsos na memória), e na regulação das funções neurovegetativas, que terminam afetando de maneira significativa a capacidade de funcionamento do indivíduo.

O indivíduo pode apresentar um quadro de luto sem ser um transtorno depressivo. A disforia no luto diminui de intensidade com o passar do tempo, já no processo depressivo o indivíduo não consegue antecipar momentos de felicidade ou prazer. A dor do luto deve existir. Não vem acompanhada de angústia, infelicidade, ruminação de autocrítica, pensamentos pessimistas. A autoestima é preservada no luto. Já na depressão, o sentimento de desvalia é marcante, demonstra incapacidade de lidar com a dor.

Os gatilhos podem ser diversos, mas geralmente estão ligados a fatores emocionais (perdas, brigas com pessoa amada, desemprego etc.). O importante é identificar a causa, verificar as queixas, a labilidade afetiva (mudança de humor), desenvolvimento e curso dos sintomas, periodicidade das crises, devem estar presentes quase todos os dias por pelo menos duas semanas consecutivas, alterações do apetite e do sono, sentimento de desvalorização, perda de interesse social (evita ir a festas e encontrar pessoas).

O medo que aborda a pessoa depressiva é menos intenso que nos transtornos de ansiedade, pois o depressivo está tão desacreditado dele que não foca muito na dimensão do medo. Exibe desejo de morte não pelo medo, mas pelo fato de não suportar a si.

É preciso acompanhamento com especialistas (Psiquiatra e Psicólogo) para iniciar o tratamento principalmente medicamentoso.

10.9. O Histriônico – O teatro no comportamento e a dor interna

"Ah! Se o mundo inteiro me pudesse ouvir, tenho tanto pra contar..." (Tim Maia – Azul da cor do mar) Falar sobre o Histriônico me remete a esse trecho de música.

O Transtorno de Personalidade Histriônica nada mais é que a necessidade de chamar a atenção, é uma busca elevada para chamar a atenção para si. Parecem ser emotivos, dramáticos, imprevisíveis, manipuladores, sedutores, muitas vezes não aceitam a palavra "não", apresentam comportamento sexual sedutor e algumas vezes inadequado, discurso impressionista, mostram teatralidade nas suas emoções de maneira exagerada. Sentem-se discriminados ou não valorizados, se acaso não forem o centro das atenções. Alguns usam a aparência para chamar a atenção para si. Têm discurso impressionista, porém superficial. Podem colocar pessoas em evidência em virtude do seu exibicionismo público. Costumam colocar relações pessoais (inclusive recentes) como íntimas. Podem ser influenciados pela opinião de outra pessoa.

Muitas vezes, fingem uma dor ou uma situação que não é real, não tendo a dimensão que realmente apresenta ter. Em consulta médica, podem dar descrição dramática da situação (suas queixas). Para eles, aquele quadro é insuportável. Desejam ser vistos como frágeis.

Em alguns momentos, podem manifestar um comportamento teatral para fugir da situação que está lhes causando desconforto emocional, não querendo enfrentar a situação que está diante deles. Sentem uma necessidade grande de chamar a atenção para si e de se mostrarem vítimas de uma situação. É mais frequente em mulheres que em homens.

Refém do medo

Nesse transtorno, a angústia é expressada por meio do corpo. Pode variar de ataques súbitos, paralisias, gritos para expressar uma dor ou comoção, sendo manifestados de forma exagerada, sempre chamando a atenção, podendo desejar conquistar a compaixão do outro.

Conforme o DSM-V, "muitos indivíduos podem exibir traços da personalidade histriônica. Esses traços somente constituem o transtorno quando são inflexíveis, mal adaptativos, persistentes e causam prejuízo funcional ou sofrimento subjetivo significativos".

Esse comportamento demasiadamente exagerado que deseja mimetizar uma doença (seja ela física ou psicológica), mostra que por trás tem um indivíduo com medo de ser abandonado, de não ser aceito, de não saber lidar com determinada situação, pois "estar doente" é mais vantajoso e mais fácil ser aceito, pois na manifestação desse comportamento está incutido ganhos e vantagens, onde o papel da pessoa doente representa, na crença instituída por ela, algo melhor, mais bem-visto, mais valorizado, pois é dado como uma ação desviante, ou seja, o indivíduo pode sair da situação na qual não consegue lidar, de maneira "honrosa", pois será visto como "um pobre coitado, um doente, um incapaz". E assim, será socialmente aceitável aquele seu comportamento e também não precisará resolver seus problemas ou dilemas pessoais, pois se apresenta para a sociedade como um ser impossibilitado para tal.

Muitas vezes, apresenta sintomas somáticos e queixas físicas inexplicáveis, na maioria das vezes excessivas, pode apresentar também quadro com transtorno do humor (ansiedade), preocupação muito exagerada. Em outros momentos, um comportamento histriônico pode também se manifestar de maneira exagerada, como por exemplo: falar alto numa fila de supermercado, fazendo com que as pessoas observem o que está fazendo ou contestando, e sendo sua contestação como algo correto e verdadeiro. Ou também chamar a atenção diante de uma câmera.

Deve-se ter um olhar criterioso, mais aguçado, onde o profissional deverá fazer uma avaliação mais cuidadosa para poder identificar o que de fato é relevante e importante no discurso e comportamento do paciente com transtorno histriônico.

10.10. Borderline – Fazendo dramas para se esconder ou desejo de se mostrar?

O Transtorno de Personalidade *Borderline* é caracterizado por uma busca constante de atenção, apresenta labilidade de humor (principalmente rompantes de raiva), impulsividade, com um padrão difuso e acentuado de instabilidade nas relações interpessoais e dos afetos. Exibe comportamento manipulador, sentimento de vazio, medo do abandono pelas pessoas próximas. Pode apresentar automutilação. Demonstra agressividade em grau elevado por um simples atraso em uma consulta ou compromisso. A sua simpatia e empatia com o outro pode variar de acordo com seu humor (se o aprova, ele é bom, do contrário, é cruel).

Aceitar "nãos" é a sua maior dificuldade. Para esses indivíduos, o "não" tem uma representatividade muito importante, é recheado de desacatos, desafetos, desprezo. Para eles, o "não" é sinônimo de briga, de explosão emocional, de choro manipulado, de vitimização. Farão de tudo para prender a atenção do outro, para que este volte atrás e acate a sua solicitação. Muitos vivem no ciclo vicioso de manipulação por meio de comportamentos de vitimização. Eles se consideram uma pessoa mal-amada, mal desejada, rejeitada, incompreendida, incapaz, sem ter a atenção devida e cheia de perdas. São capazes de prejudicar o outro, têm requinte de crueldade em algumas ações para atingir seus objetivos ou pelo simples fato de machucarem (de maneira física, verbal ou comportamental) o outro, por não ter feito o que almejavam, não ter atendido aos seus pedidos, por mais simples que sejam. Seu humor varia de 8 a 800 em uma fração de segundos. Geralmente são individualistas, pensam em si e em seu benefício. Só ficam em grupo para usar da manipulação. Lidar diariamente com uma pessoa com Transtorno de Personalidade *Borderline* é bastante cansativo. Precisa de tratamento, mas a pessoa não deseja se tratar, pois faz com maestria a manipulação para alcançar tudo o que deseja. Para ela, é nítida a informação: por que irei me tratar se eu consigo o que quero? Esse transtorno, como qualquer outro, tem diversos estágios, do mais brando ao mais severo.

Geralmente, o indivíduo que tem esse transtorno reage, ao menor estímulo estressor, com muita raiva. É capaz de destruir uma casa inteira, rasgando sacos de arroz, feijão, derrubando cadeiras, quebrando telefone, quadro, jogando para fora todas as roupas dos armários e gavetas, ameaçando se suicidar, caso não faça o que desejam, tudo para chamar a atenção e por não ter sido atendido em uma determinada situação. É claro que nem todos fazem isso. Existem pessoas que usam apenas as palavras, choros, sedução, para sensibilizar o outro e alcançar o que deseja.

Atendi vários pacientes com TPB (Transtorno de Personalidade *Borderline*) ao longo da minha jornada clínica. A ocorrência de atendimentos era cada vez maior, tornando-me especialista no assunto de tantos casos que atendia. Vou aqui relatar dois interessantes, sendo um de uma jovem e outro de um homem casado. Peço que preste bastante atenção ao comportamento de ambos, note que há algo de padrão comportamental parecido nos dois casos.

Caso 1: paciente de 20 anos, sofria de anorexia nervosa, chegando a ficar internada em virtude do baixo peso. Iniciei o tratamento com ela, foi ganhando peso ao longo do tempo, trabalhei algumas técnicas de dessensibilização sistemática, indo, inclusive a campo com ela (restaurantes para almoçar), foi evoluindo bem. Recebi o primeiro chamado de "socorro" da sua genitora pedindo que eu fosse até a sua residência. Era um apelo traumático, cheio de medo e desespero. Chegando lá, parecia que eu tinha entrado em uma zona de guerra. Tudo espalhado pelo chão (pegou tudo que podia abriu e espalhou), havia mostarda nas paredes, a porta estava quebrada em virtude de um chute, sofá com pó de café e suco, telefone quebrado. Ela se encontrava no quarto. Bati e pedi que abrisse, em vão. Repeti e disse com voz mais enfática que compreendia a situação e que sabia o que ela estava querendo com todo aquele teatro e acesso de fúria. E ela abriu finalmente a porta. Conversamos por aproximadamente uma hora e meia. Depois fui conversar com a mãe. O pai trabalhava no Rio de Janeiro e vinha quando podia para Salvador. Sua irmã morava no Rio e a mãe veio com ela em virtude da anorexia, para "mudar de ares" e ver se ela melhorava. Fazia faculdade de odontologia aqui. Precisava entender o gatilho daquele novo episódio. Dessa vez, porque achou que a mãe estava dando mais atenção para a irmã do Rio do que a ela. Para essa paciente, os genitores não gostavam dela, estava na dúvida da paternidade e dizia que era adotada. (Medo do abandono).

Para minha surpresa, dois meses depois recebi nova ligação da mãe, dessa vez o pai estava presente e como se não bastasse, eram duas horas da manhã. Fui novamente atender (como eu trabalhava na época com pacientes com tentativa de suicídio, era normal atender ligações de madrugada e sair para cuidar dos meus queridos pacientes – meu telefone era ligado

24 horas – e eu também). Chegando lá, a encontrei em pé no peitoral da janela, se segurando em cada lado – morava no segundo andar.

Preciso aqui dar mais detalhes para que possa compreender a complexidade da manipulação. Eu morava a uma distância de 13km e acredite que da hora que os pais me ligaram até eu chegar, ela continuava imóvel, em pé, me aguardando.

Quem quer se jogar de um lugar, quer se suicidar, não fica aguardando, simplesmente faz. É simples assim. Quando cheguei na portaria, ela não havia me visto e estava tranquila aparentemente, mas quando notou minha presença, começou a gritar dizendo que ia se jogar. Simplesmente parei e olhei para ela lá de baixo, e disse: "estou subindo, me aguarde antes de se jogar". Não é frieza a minha atitude, mas experiência e saber o que dizer no momento certo. Ela precisava naquele instante de muita atenção. Se jogar era a última coisa que desejava.

Conversei com os pais sobre o que havia acontecido e, acredite, o ataque súbito de raiva foi porque a mãe negou comprar um novo celular para ela (já seria o terceiro em um período de quatro meses), pois sempre quebra no ataque de fúria. (Rejeição diante de uma negação).

Pedi que descesse, ela então sentou na janela e disse que ficaria ali e que se eu quisesse só conversaria desse jeito. Cheguei bem próximo e disse que eu não conversaria assim, porque quem dava "as ordens" era eu e não ela. Falei mais uma vez firmemente com ela e me atendeu. Foi para o quarto e conversamos por quase duas horas.

Pode notar que nos dois momentos desse caso havia acesso súbito de raiva, necessidade de chamar a atenção, pensamento de autopiedade e manipulação.

Caso 2: um homem de quase 36 anos, casado, sem filhos. Estava passando por processo de separação pedido pela esposa em virtude dos seus intensos ataques de raiva, oscilação do humor – irritável e às vezes depressivo, impulsividade, gastos exagerados em cartão de crédito, ciúme exagerado não permitindo que ela falasse com pessoas do gênero oposto e até mesmo "competir" com a atenção da sogra, cunhada, vizinha e ameaças contra ela, caso o deixasse. Estava diante de um paciente com duas patologias, tendo TAB (Transtorno Afetivo Bipolar) como patologia primária e TPB como secundária.

Ele atirava coisas pela janela, ou contra a parede, espalhava toda a despensa pelo chão, rasgava suas roupas, fotografava tudo e mandava para ela para ver o quanto ele estava mal. Detalhe: seu *notebook* estava apenas no chão, mas não o quebrou. Dirigia em alta velocidade na estrada e ligava para ela informando a velocidade que estava desenvolvendo e que ia jogar o carro em um poste, e assim, ceifar sua própria vida por estar muito mal e ela seria a culpada por isso (imprimir no outro sentimento de culpa para haver melhor manipulação). Mas para surpresa, aparecia em frente à casa da mãe dela e chorava, gritava para todos ouvirem o que ela estava fazendo com ele. Se alguém falasse algo com ele a favor da esposa, ele repentinamente (como num passe de mágica), deixava de ser o piedoso e passava a ser o malvado, modificando o comportamento para raivoso.

Em todos os comportamentos, se vê um padrão de necessidade de chamar a atenção e manipulação comportamental.

O *"Border"* demonstra tanto um comportamento de "pobre coitado" como de "super poderoso", variando de um ponto a outro. Alguns com uma tendência maior que outra.

O medo do abandono impera no comportamento *Borderline*. Psicoterapia pode ajudar a entender seu comportamento, mas a aderência ao tratamento é quase impossível. O paciente com esse transtorno não se vê doente, mas desamparado.

A Compulsão Alimentar, a Bulimia e Anorexia estão muito ligados a esse transtorno.

A pessoa que está próxima sofre muito em diversas situações, seja pela manipulação constante, pelos acessos de raiva, pelo medo do desconhecido. É importante salientar que não se deve ter um olhar de compaixão, piedade, culpa com o paciente com tal transtorno, pois dessa forma estará fazendo com que ele aumente seu ciclo de manipulação sobre esse indivíduo. É preciso enfrentá-lo, trazê-lo para uma realidade, mostrar que é preciso receber "nãos" e saber lidar e controlar seus ataques, que as negativas são formas de se desenvolver, crescer como ser humano. A pessoa que convive com algum indivíduo *Borderline* precisa cuidar da saúde mental, fazer psicoterapia, pois poderá apresentar algum tipo de descontrole emocional ou transtorno de humor.

Certa vez, a irmã de uma paciente me disse que "é como levar água em um copo furado", o sentimento de "trabalho em vão" era muito forte. Ela estava cansada emocionalmente e desgastada fisicamente. Não aguentava os ataques da irmã, o ciúme exagerado, tudo tinha que ser no tempo e jeito que ela determinava senão explodia. Estava também muito triste em ver como a irmã manipulava os pais. Chorava ao telefone, fazia o maior drama, e quando desligava dizia: "esses idiotas vão fazer o que eu quiser, é só fazer um drama que ficam com medo ou se sentem culpados" e sorria muito com essa atitude. Ela estava em pânico ao presenciar essas situações, dizia que a irmã era sádica, sarcástica, desumana, atroz. Sentia muito medo das reações da irmã, estava cada vez mais inibida, acuada, acorrentada em seus medos e impossibilitada de reagir com medo de que algo acontecesse a ela (irmã). A saúde mental dela estava em frangalhos. Era preciso empoderá-la e fazer com que enfrentasse as reações da irmã para se sentir mais segura e capaz. Lidar com alguém que tem TPB é estar em campo minado, a qualquer momento pode pisar em uma mina e ser detonada – o medo é iminente, o peso na relação não é pacóvio, é algo comprometedor, extenuante, que leva ao fim qualquer relacionamento amoroso, pois resistir a uma relação altamente fatigante é desumano! Quando é marido, esposa, noivo(a), namorado(a), é mais simples, mas lidar com filhos, irmãos ou outro parente é mais complicado. Você não consegue simplesmente deixar de ser irmã ou primo de alguém. A relação com esse indivíduo com transtorno fica mais delicada, mais temerosa e, muitas vezes, os ataques são mais tempestuosos e manipuladores, por essa razão.

O medo do paciente com TPB é demonstrado de forma oculta, enquanto do indivíduo que lida com ele é aparente e bem manifestado, causando marcas e dor.

10.11. Transtornos Alimentares – O que está por trás da comida?

Os Transtornos Alimentares são perturbações nas questões alimentares, de forma persistente, alterando o comportamento relacionado à alimentação, podendo comprometer diretamente a saúde física e psicossocial do indivíduo. Os transtornos mais comuns são Anorexia Nervosa, Bulimia Nervosa e Obesidade (Compulsão Alimentar). Vou explicar cada patologia e depois comentarei sobre seus medos.

Anorexia Nervosa – a Anorexia Nervosa é o oposto da Compulsão alimentar. Ela se caracteriza pela restrição alimentar, ou seja, o indivíduo se nega a consumir alimentos com alto índice de grau calórico, ou até mesmo qualquer alimento com receio de elevar seu peso corporal. Afeta a sua saúde física e psicossocial. Em virtude do baixo peso que a maioria apresenta, pode incorrer em internação. Exibe risco de morte por inanição. Pode apresentar problemas cognitivos graves como lapsos de memória, baixa concentração, perda de força e tônus muscular.

A possibilidade de ganhar peso é um dos maiores medos que cerca a pessoa com Anorexia. Muitas vezes, existem pacientes que comem escondido pacotes de biscoito doce recheado, chocolates, tudo que não desejam e depois vomitam por sentirem culpa. Exibem alteração na percepção do próprio corpo e forma. Mesmo tendo consciência que seu peso está abaixo do normal, ainda assim se percebem acima do peso e negam o problema. Tornam-se escravos de balança e controle de peso corporal.

Geralmente acomete mais mulheres, adolescentes e jovens adultos. Deve ser acompanhado por equipe multiprofissional (Nutricionista, Psiquiatra e Psicólogo), às vezes podendo ter acompanhamento também com Nutrólogo e Endócrino em virtude de disfunções hormonais devido ao baixo peso e ingestão de alimentos com pouco valor nutritivo, além de Fonoaudiólogo por questões de deglutição.

Fatores que desencadeiam a Anorexia podem ser diversos, mas geralmente costumam ser por angústia, causada por problemas somáticos psicológicos e comportamentais antigos, que dispararam tal gatilho. Podem aparecer humor rebaixado (deprimido), isolamento social, irritabilidade, angústia, sentimento de desvalia e fracasso, pensamentos inflexíveis e diminuição da libido.

O maior medo da pessoa com Anorexia é de ganhar peso, de se ver gorda, fora de um padrão instituído por ela como "melhor". É preciso compreender que a ingesta (ingestão) de algo não foi processada = algum fato que ela passou na vida não foi adequado, não "conseguiu digerir" adequadamente.

Essa "ingesta" pode não ser só de alimento, mas de situações, de um comentário, de uma roupa etc. Algo que não lhe fez bem em alguma circunstância e com isso, desenvolveu um padrão alimentar associado. Tratar anoréxicos não é fácil, mas tornar aceitável a aderência ao tratamento é quase impossível! Esses pacientes levam um padrão de pensamento rígido, com um comportamento cristalizado, o qual é preciso mostrar que não comer é se autossabotar e fazer com que interprete isso como algo destrutivo para si (apesar de ser tudo o que desejam) e é preciso romper com essa crença para que possa sobreviver.

A vida de um anoréxico é cheia de altos e baixos, como de qualquer um, mas a questão é que sempre vê algo negativo em ambas as fases e não conseguem sair sozinhos. A Depressão está quase sempre instalada no humor dos anoréxicos.

Quebrar padrões e romper com os paradigmas e preconceitos é tarefa árdua tanto para o paciente quanto para o profissional assistente.

Bulimia Nervosa – a Bulimia Nervosa compreende eventos recorrentes de compulsão alimentar, ingerindo por períodos curtos e determinados, uma quantidade maior de alimentos que possa suportar, provocando episódios inapropriados de vômitos autoinduzidos, uso de laxantes, para evitar o ganho de peso. Demonstra também falta de controle na ingesta. Tudo isso é comportamento compensatório. Também tem percepção disfuncional sobre seu peso e imagem corporal, porém em escala menor que a Anorexia.

Esses aspectos devem estar presentes no mínimo uma vez por semana por três meses para se caracterizar Bulimia Nervosa. Os pacientes sentem vergonha do seu comportamento. Evitam falar a respeito, principalmente por medo de rejeição ou por serem julgados.

Na Bulimia o medo do preconceito é tão intenso quanto na Anorexia. No caso da Bulimia, é preciso questionar o que e quantas vezes a pessoa teve que engolir o que desejava, mas de maneira pressionada, forçada. Ou seja: gosto de comer feijoada, mas nem por isso preciso comer muito. Gosto de ir ao shopping, mas nem por isso necessito ir sempre. Quando algo passa a ser imposto, perde a característica de ser desejado. Um ato sexual forçado pode desencadear um processo bulímico. Vai depender sempre das questões, características, ambiente, pessoas envolvidas, a forma como aconteceu etc. Entender tudo isso pode amenizar o transtorno e fazer com que a pessoa controle seus impulsos e com isso o medo e comportamento compulsivo sejam amenizados.

Obesidade – a Compulsão Alimentar leva o indivíduo a um excesso de gordura corporal em virtude da ingesta desregulada de alimentos, na maioria das vezes desnecessários e com alto grau de calorias sem uma compensação, ou seja, o indivíduo não contribui com a perda energética compensatória para haver um gasto calórico (exercícios físicos). Os fatores que levam o indivíduo a descompensar o seu peso corpóreo podem ser vários, desde fatores genéticos e fisiológicos, como medicamentosos, comportamentais e ambientais. Vai variar de pessoa para pessoa. Não é considerado um transtorno mental.

Costumo dizer que dentro de cada boca aberta (ou fechada) e de cada alimento existe um ser em sofrimento. Ninguém quer ser obeso pelo simples motivo de desejo ou beleza. Pelo contrário, querem seguir o padrão de beleza imposto por uma sociedade capitalista onde se cultua a forma e harmonização corporal.

A pessoa obesa pode ter comorbidades, transtornos mentais como Depressão, Ansiedade etc.

O obeso sente prazer em comer. Se afunda em litros de refrigerante, comidas altamente calóricas (geralmente carboidratos – pizza, hambúrguer, coxinha, pastel, salgadinhos), e associam esse prazer a algo que deseja, apesar do sentimento ser o inverso. É um ciclo de autossabotagem. Para o obeso, é comendo que ele vai atingir determinada pessoa ou situação. Por exemplo: brigou com a pessoa amada (que não aprova seu comportamento de Compulsão Alimentar) e, em vez de aproveitar esse fato a seu favor e reduzir a ingesta, fazer um programa de emagrecimento para conquistar a pessoa, ela come desesperadamente como se estivesse atingindo-a. Na sua crença está o significado de: "se você não gosta que eu como, então para atingi-lo, eu vou comer!". A coisa é complexa, mas não é impossível de tratar.

No Obeso, é preciso saber em que fase da sua vida alguém (pode ser a própria pessoa) lhe ofereceu alimento como "moeda de troca". Ou seja, não pude estar contigo hoje à noite, então lhe trago uma caixa de chocolate! Associou algo ruim – a ausência – a algo bom – o chocolate. Ou ainda, demonstra prazer em estar com essa pessoa e, com isso, lhe oferece idas a restaurantes. Dessa forma, associa prazer à comida.

Como podem notar, em ambos os casos o prazer da comida foi associado. Para o obeso, um dia, fixou em sua mente que ao ter algum sentimento ruim é preciso comer para compensar a angústia, a falta, ou se tiver algo muito bom também é preciso comer para ratificar aquele sentimento positivo. Só que em ambos os casos, o comportamento é saudável desde que se tenha limite na ingesta e que não tenham pareado e fixado isso no seu comportamento como algo compensatório.

O medo do obeso é não ser aceito. Por trás de um corpo pesado, tem frustrações, mágoas, ressentimentos, desejo de aceitação, vontade de ter um corpo modelado e bonito (apesar de não admitir isso), por trás de um comportamento brincalhão, descontraído, meigo, tem máscaras que escondem tristeza, dor.

Existem muitos obesos que não querem emagrecer (isso mesmo!), pois se acostumaram com a imagem de "fracassados", "pobres coitados", assim, recebem muitas coisas de maneira fácil, sem exigir muita busca da sua parte. Por exemplo: não conseguem um bom emprego por conta do seu peso e, com isso, ganham uma mesada, uma ajuda financeira, um amparo legal etc. Então, acostumam-se com essa vida fácil e no pensamento deles passa a ideia de: "por que devo mudar se tenho o que quero e ainda por cima como o que gosto"? Sou dura na questão da obesidade, mesmo sabendo que todos não eram obesos antes, ficaram por algum motivo. Por essa única razão, eu digo que o obeso é um obeso consciente, excluindo-se, lógico, por alguma disfunção metabólica ou patologia primária, ou seja, tornaram-se gordos não pela ingesta alimentar. Refiro-me aqui àquele que se tornou obeso por decisão. Seja ela qual for: por querer amargurar suas mágoas em hambúrgueres, frascos de refrigerante, tortas doces etc., ou por desejarem comer pelo simples fato de gostarem e saborearem cada migalha dos alimentos ingeridos. Todos têm a difícil arte de escolher, mas muitos optam pelo caminho menos doloroso e mais curto, a comida, em vez de procurar ajuda psicoterápica e resolver suas questões internas. A maioria adota a tradicional expressão "fi-lo porque qui-lo". Preferem viver na escuridão, por trás da comida para justificar e esconder seus traumas e suas decisões erradas. Conhecer a si e resolver seus traumas e problemas dói, machuca, é tarefa difícil, exige controle, determinação e, o pior, fechar a boca! Vale ressaltar que todo obeso imprime sentimento de culpa no outro para fazer com que seu ato de comer (ou de ser gordo), seja justificado, como também repartir a culpa (ou transferi-la para o outro). Assim, a crença que gera é que é gordo(a) por culpa do outro e não por seu desejo de comer. É raro ver um obeso admitir que está assim porque gosta de comer, sempre irá buscar uma justificativa para tal ato e uma pessoa para colocar a culpa.

Todos os três transtornos listados são caracterizados pela falta de controle nos aspectos alimentares. Exibem um predomínio de sentimento agudo de perdas, afeto negativo, em alguns casos podem ser manifestados como ato de revolta, manifestação contrária a alguma coisa ou alguém, insatisfação profissional, estresse interpessoal ou até mesmo uma reclamação ou repreensão na qual o indivíduo não estava preparado ou não queria ouvir.

Muitos Transtornos Alimentares se caracterizam na infância ou adolescência. Alguns indivíduos desencadeiam por questões comportamentais, ou seja, provocados muitas vezes por pais, avós ou responsáveis pelas crianças ou adolescentes que têm receio de dizer e impor "nãos". São esses "nãos" que irão limitar e moldar a personalidade deles e os preparar para os enfrentamentos da vida, fazendo com que seu desenvolvimento psicoemocional aconteça de maneira tranquila. Em outros casos, pode-se desencadear o transtorno por algum trauma sofrido, seja verbal, físico ou psíquico.

Não tenha medo de dizer "Não"! São eles que nos impulsionam a viver, refazer nossas rotas, buscar nossos objetivos. Quando se mima a criança, se desconstrói o Homem!

Não é dar tudo o que a criança quer e satisfazer as suas ordens, que você irá ser aceito(a) por ela ou conquistar seu respeito. Você estará construindo um ser tirano! Cheio de transtornos e problemas mentais e comportamentais.

Negar também é amar. Se você perceber que seu(sua) filho(a) está indo na direção errada, ou até mesmo fazendo algo que você percebe que poderá ter sérios danos a sua integridade física, como enfiar um arame em uma tomada, você permitiria, ou falaria "não"? O exemplo pode ser irrisório, mas demonstra exatamente o que desejo exprimir. O fato é que muitos dos transtornos alimentares se ocasionam pela simples falta de "nãos" na vida do indivíduo. São causados por pais ausentes ou permissivos, medrosos, que acatavam as ordens dos filhos com medo de que sofressem ou os reprovassem, ou ainda, uma forma compensatória da ausência.

Refém do medo

É preciso entender que todos os transtornos alimentares são graves, mas em ordem de grandeza, a Anorexia estaria em primeiro lugar. É importante também salientar que, nos três casos, os pacientes têm consciência de seus atos, e os fazem porque desejam, apesar de sofrerem uma forte angústia por não saberem controlá-lo. O obeso come porque quer comer, em alguns momentos como forma compensatória de angústia, em outros porque realmente quer e coloca o próprio peso como atitude de defesa e vitimização para justificar sua vontade de comer o que não lhe é permitido.

O medo o circunda de tal forma que o isola, afunda em crenças erradas, levando-o a um prejuízo psicoemocional, social, afetivo e físico. Nos três casos, é preciso acompanhamento com equipe multiprofissional, envolvendo vários profissionais da área médica como Cardiologista, Gastroenterologista, Psiquiatra, Endocrinologista, Nutrólogo, além de Nutricionista e Psicólogo.

Para todos os transtornos aqui relatados se faz mister perguntar:

1) O que (ou de quem) você sente falta?
2) Como você se vê?
3) O que você deseja?

Essas três perguntas são cruciais para iniciar um processo terapêutico e consiga lidar com suas falhas, seus medos, suas apreensões, angústias, atitudes de esquiva ou de defesa. Só assim conseguirá se libertar e se sentir livre para (re)iniciar uma vida mais tranquila, liberta, e com atitudes proativas, com comportamentos assertivos, positivos e com a expectativa de conseguir realizar algo que você idealizou, sem que esteja com amarras ou com sentimentos nos quais o colocavam, de certa forma, em um patamar inferior (sem ao menos ser verdade).

Acredite no seu potencial. Viva as diferenças! Elas existem para que se possa perceber o outro. Sair da mesmice, da zona de conforto enobrece, cresce, refuta qualquer ideia de marasmo.

> **"O importante não é ver o que ninguém nunca viu, mas, sim, pensar o que ninguém nunca pensou, sobre algo que todo mundo vê."**
> (Arthur Schopenhauer)

Capítulo 11
O medo do medo

> "Às vezes a vida é como uma roda-gigante: se você tem medo de altura, você perde a chance de ter a vista mais bela do parque."
> (Rhozemyr Manfreddine)

O mais importante não é ter medo do medo ou ter medo de viver a vida! É preciso tomar consciência do que mais o aflige e direcionar passos a fim de que consiga enfrentar o medo e se sinta empoderado(a) para que possa vivenciar as situações diárias, por mais bizarras que possam parecer, de maneira mais leve, menos angustiante.

O peso de sentir medo é enorme. Só quem tem Transtornos de Ansiedade, Síndrome do Pânico, TEPT, alguma Fobia ou outro transtorno relacionado ao medo pode saber e sentir esse peso corroendo e perpassando por seu corpo, limitando suas ações, impedindo sua felicidade, castrando seu desejo de ser feliz ou aproveitar melhor a vida.

O medo do medo é muito maior que simplesmente sentir medo de algo ou de alguém. Ele é altamente desafiador e, ao mesmo tempo, paralisante. Podendo levar o indivíduo a um cataclisma de emoções negativas.

É preciso ter cuidado, pois nesse momento pode desencadear os Transtornos Fóbicos, de Ansiedade, de Pânico etc. Essas crises trazem sofrimento também para quem está lidando diariamente com essas pessoas medrosas.

Muitas vezes, o indivíduo se corrói e se perde nas entranhas do medo e não consegue se livrar, tendo a necessidade de buscar ajuda profissional. Em alguns casos, a situação é tão complicada, que são necessários anos de tratamento para que possa se visualizar algum sinal de evolução, pois o próprio sujeito causa resistência para se libertar, já que aqueles sentimentos e emoções fazem parte da vida dele. Mesmo sabendo que lhe causam dor, sofrimento, ele não consegue reunir forças suficientes para sair daquela situação e se ver livre.

Para entender o que relato, vou dar o exemplo de pessoas obesas que se submetem à realização de cirurgia bariátrica e depois de um tempo voltam ao peso anterior, mesmo tendo feito a cirurgia, depois de terem emagrecido, chegado ao corpo e peso tão sonhados! Mas, dentro delas, não se prepararam para essa nova imagem corpórea, que passou a ser um peso, uma dor e, para aliviarem seu sofrimento, voltam a comer para ter seu peso de antes. Usar um manequim quatro a cinco números a menos é impactante para a pessoa que vê, imagina para a própria pessoa que foi submetida à redução de peso. Ela passou a rejeitar seu próprio corpo. O medo do enfrentamento dos olhares, incluindo o seu, é angustiante. Se não for preparada psicologicamente para uma nova jornada, sentirá medo de si mesma.

Exibir comportamento de medo por qualquer motivo, aqui colocado medo do próprio medo, acontece da mesma forma. A pessoa tem consciência, mas em muitos casos, conviver com a dor pode ser uma autoflagelação, um sentimento de culpa, uma autossabotagem, uma forma de chamar a atenção para si, enfim, inúmeras possibilidades. Cada caso é um caso. É preciso ter um olhar mais criterioso e cuidadoso para essa pessoa. Entender o processo que a levou a manifestar esse comportamento de medo é crucial na investigação.

O indivíduo que tem medo do medo é altamente desconfiado, incrédulo. Obter sua confiança é o primeiro passo do tratamento. Nada deve ser feito de forma abrupta. Conquistar seu olhar, sua escuta, seu sorriso, um aperto de mão, um abraço, uma fala, são coisas quase impossíveis para essa classe de pacientes.

É preciso abordar de maneira cuidadosa, delicada, de forma gentil, sempre se colocando de forma empática, lembrando que as pessoas que manifestam esses comportamentos, na maioria das vezes, demonstram sensações à flor da pele.

Refém do medo

É interessante que a pessoa anote as sensações de ansiedade, pensamentos negativos, de incômodo maior etc., para que se possa trabalhar em *set* terapêutico e também como uma forma de catarse, colocar para fora o que lhe angustia.

Do que você tem mais medo: do que você vai descobrir ou do que não vai? Faça a melhor versão de si mesmo. Acredite que é possível você se reprogramar, refazer, redescobrir, reorganizar a sua vida e ser feliz de forma leve!

Se o indivíduo puder fazer relaxamento com técnicas de meditação, respiração, yoga, é interessante para que possa oferecer a ele mesmo sentimento de tranquilidade, se acalmando. Técnicas de *Mindfulness* também estão sendo bem difundidas para casos de insegurança. Outra técnica que pode auxiliar é Massagem Corporal Relaxante. Esvaziar a mente, quando estiver fazendo qualquer técnica de relaxamento, deve ser atendido, pois vai desacelerar os pensamentos, desarmar aos poucos toda as armadilhas que ele próprio construiu para si. Não é tarefa fácil, mas poderá treinar aos poucos. Foque em algo relaxante para que a mente se prepare para um novo começo.

É preciso se perguntar de vez em quando qual é a vida que você quer ter. Se você pudesse trocar de vida, quem escolheria colocar na sua? Qual a razão dessa escolha? Ficaria feliz em ver essa pessoa vivenciando a sua? E você, o que faria ao vivenciar a vida dela? O que você precisa? Lembre-se de que precisar é diferente de desejar.

Pessoas com medo têm pouca esperança e quase nenhuma confiança. Não têm disciplina, planejamento, organização. Geralmente se sentem sem coragem, sem força, sem energia, ficam recolhidas. Vivem em crise existencial, não costumam ouvir seus desejos e anseios. Não conseguem enxergar vida nas coisas e nas pessoas. É preciso se nutrir de inspiração, de acolhimento, de coragem, para haver crescimento.

Se você sente medo, não promova ou enfatize coisas negativas ou raivosas. Permita-se ficar em área tranquila. Empodere-se com conhecimento, seja qual for. Todo conhecimento é válido. Atomizamos muito o nosso conhecimento. Lembro que antigamente acessávamos livros nas bibliotecas, nas enciclopédias, depois foi para cartão perfurado, disquete, CD, HD, nuvem! Tudo mudou! Precisamos mudar também a forma de pensar, de estar no mundo! Onde irá usar o conhecimento aprendido? E aqueles que a maior escola de todos os tempos – a vida, nos ensina diariamente? O conhecimento nos causa, na maioria das vezes, tranquilidade, confiança. É preciso pô-lo em prática!

É necessário acompanhar a velocidade que a vida nos impõe e compreender que muita coisa você não conseguirá executar pelo simples fato de ser limitado. Você e todo ser que vive no Planeta.

A mudança muitas vezes dói. O medo é prudente. Quando ele nos domina, nos impossibilita, nos impede, nos acovarda.

Refém do medo

Somos livres para escolher, assumir, fazer. Tudo que se transforma em vício corrompe a liberdade. É um fato.

Quando se cria um hábito, cria-se uma ligação neurobiológica e toda vez que o hábito é feito, gasta-se menos energia, trazendo um esplendor melhor para a sua vida. Associações positivas nos remetem a regiões de conforto e o cérebro produz um efeito de mérito, de ordem. Associações cerebrais são biológicas e produzem zona de conforto que acalma, tranquiliza, mas é preciso sentir-se motivado, e é na crise que se tira o indivíduo dessa zona de conforto. É preciso compreender que o medo causa essa turbulência e, muitas vezes, é salutar.

Cada erro mostra que você precisa aprender. O medo anda lado a lado com o erro. O importante é não permitir que um sufoque o outro. Cada erro deriva uma possibilidade de acerto, esse é o foco que é preciso manter.

Quando protegemos demais o outro o tornamos indefeso, o tornamos limitado. Tudo que nos protege nos impede de sair da zona de conforto. E provoca certa insegurança e desperta o medo.

É preciso viver no tempo presente, porque nunca chegaremos no futuro! Por essa razão, aproveite e faça seu presente valer a pena. O presente é cultivado por maneiras de como vivenciou seu passado, suas escolhas, suas decisões e serão importantes para ter um presente saudável, com razão suficiente para viver a vida da melhor forma, ressignificando erros, coisas negativas como algo positivo e possível de realização.

Os desafios são caminhos a serem trilhados. É preciso acreditar, planejar, empreender e fazer. Não há ser humano que não erre. Faz parte da essência humana.

As decisões que cada um tomar marcarão o seu futuro. Então, faça o mais correto que puder.

Não tenha medo, afinal não existem cogumelos não comestíveis, só que alguns você só comerá uma única vez! Lembre-se disso. Para bom entendedor, meia palavra basta, já diz o ditado popular.

> **"Se você deixar de fazer por medo do que pode acontecer, você abre mão do risco e se priva de tudo que o destino pode lhe trazer."**

Capítulo 12

O medo de falar o que sente e os sentimentos silenciosos que surgem

> "Ninguém sabe o que você ouve, mas todo mundo ouve muito bem o que você fala."
> **(Millôr Fernandes)**

É preciso pensar objetivamente o que você quer falar, expressar.

Qual voz o irrita mais? A sua ou a de outra pessoa?

Muitas vezes, o medo de falar não está relacionado ao medo de dizer o que sente. Colocar para o outro o que de fato está sentindo é difícil, porque está entrelaçado de emoções, sentimentos, recheado com crenças, medos, julgamentos e preconceitos.

Fazer o máximo que puder, é o máximo que se pode fazer. É preciso entender isso para não sofrer.

Refém do medo

Gosto de fazer jogo de palavras para levar o indivíduo a uma reflexão, e com isso possa enxergar melhor seus atos e, assim, modificar o comportamento.

Eis mais um jogo de palavras:

Pouco demais (pouco de muito) ≠ Muito pouco (muito de pouco).

Qual das duas situações você acredita que seja mais arriscada? Mais empolgante? Mais arrojada? Mais perigosa? Mais confiante? Mais correta? Mais verdadeira? Consegue definir? Reflita um pouco a respeito.

Não existe resposta certa ou definição correta. Vai depender de cada perfil, de cada forma de pensar, atuar e se colocar no mundo, nos negócios, nas situações. Vai depender do ambiente em que você se encontrar e do que se trata.

Quero chamar a atenção nesse jogo de palavras que muitas vezes na vida procuramos sempre ter respostas, mas o que importa não são as respostas, e sim os meios. Como vai conseguir chegar a algum lugar ou atingir aquela meta. Se focar nas respostas, não entenderá as razões. E são elas que fazem com que você atinja seu objetivo. São as razões que provocam a motivação e não as respostas.

Seja responsável pelos atos que a vida lhe promoveu. Falar é um processo muito difícil, o cérebro utiliza diversas conexões para que as informações se processem, haja uma compreensão, coesão e a fala propriamente dita seja produzida.

Muitas vezes, a pessoa se depara com bloqueios internos, que podem estar relacionados a traumas do passado (de repente na infância), que fazem com que o medo de falar seja algo tão intenso e apavorante que causa sintomas psicofísicos como tremor, ansiedade, falta de ar, respiração acelerada, taquicardia, dentre outras manifestações. A única coisa que não tem é a possibilidade de falar. Seja em público ou com alguém (próximo ou não). O temor é um terror! Lá vem outro jogo de palavras!

A crise está instalada. Como dizer para uma pessoa dessa que deve procurar um Psicólogo para resolver seu problema, se para ela isso é praticamente impossível? A dor é intensa e angustiante. Ela sente-se travada, envergonhada, temerosa, incapaz.

A dificuldade de falar é intensa, dizer o que sente é pior ainda e, para uma pessoa estranha, é simplesmente impraticável! Isso mostra que ela precisa de uma boa dose de confiança. Precisa confiar nela, no outro, no que sente e na possibilidade de melhora.

Para essa pessoa o conhecimento não basta. Ela vai precisar enfrentar a si para depois enfrentar o outro e, em seguida, a situação.

Como pode perceber, a coisa não é tão simples. São sequências de passos para se realizar e com um agravante: o desejo. Se não houver o desejo manifestado, por menor que seja, tudo ficará mais difícil.

Tem que ter muito cuidado com o manejo das palavras com essa pessoa, pois, muitas vezes, algumas podem ser tudo que ela não quer e nem precisa ouvir. Coisas como: "É só você falar", "é fácil, não morde", "deixe disso", ou algo como "eu era assim e olha agora como estou".

Nada de comparações! Encoraje-a. Mostre confiança. Dê seu apoio, se mostre próximo e diga que pode contar contigo no que precisar. Coloque-se à disposição para ir com ela ao Psicólogo ou, caso deseje, estará ali para ouvir sem julgar. Ou simplesmente abrace. Um abraço demonstra confiança, carinho, aconchego, respeito.

Diga sempre a verdade por pior que lhe pareça. Não tenha medo! A verdade suplanta a dor, a mentira potencializa. Se você esconde, omite, mente, você se machuca (mais cedo ou mais tarde) e machuca o outro. A mentira se transforma em peso e em um passivo enorme. A verdade é libertadora!

Muitas vezes, a pessoa fala de maneira intempestiva, relata o que sente, o que causa tristeza, o que incomoda, a deixa insegura, o que não gosta, lhe dá desconforto, machuca e não é compreendida. Seu discurso está recheado de anseios, incômodos, emoções.

Ora, o que importa nesse momento não é a forma, mas o sentimento que está sendo gerado. Muitas vezes, as pessoas estão muito mais preocupadas com a forma que o conteúdo. Estão muito mais preocupadas em julgar, combater, refutar, desprezar, que sentir, entender, compreender, colocar-se no lugar. Já dizia Platão: "podemos facilmente perdoar uma criança que tem medo do escuro, mas a real tragédia da vida é quando os homens têm medo da luz". Muitos temem a verdade. Para alguns, enfrentá-la é, muitas vezes, mais dolorosa que se esconder dela. Pode até machucar, mas com certeza se sentirá mais confortável. É preciso enfrentar a verdade para poder enxergar melhor as coisas.

É no seio da família que as coisas mais importantes da sua vida acontecem e você não se dá conta! Depois que aconteceram (com certeza elas irão sempre acontecer!), você notará que não poderá fazer nada. É um amor mal correspondido, um beijo ou abraço que ficou de dar e não deu, é um até logo que se transformou num adeus.

Falar de medo, luto, perdas causa dor, pânico, esquiva comportamental, mas é necessário. Se não falamos sobre isso, a passagem por essas etapas é mais dolorosa, quase inaceitável. A permanência inconsciente nessas fases pode durar anos caso não a compreenda e não a aceite. Vivenciar a dor é inevitável, mas fazer da dor uma estratégia de sucesso ou de recomeço é uma condição que você pode executar. Fazer as coisas com plenitude, ou seja, se ver implicado, estar vivenciando aquele momento, é algo maravilhoso, é preciso explorar e exercitar dia após dia! Acreditar na sua potencialidade é uma condição *sine qua non*.

Quantas vezes fazemos e dizemos coisas sem pensar? Atingimos pessoas pelo simples fato de que não suportamos a dor que muitas vezes elas não provocam em nós, mas em uma terceira pessoa ligada a ela.

Os sentimentos negativos vão surgindo de forma silenciosa, e afetando o estilo de vida de cada um, seja a pessoa principal ou a envolvida no processo. É preciso reprogramar o estilo de vida para poder se reorganizar emocionalmente.

Seria excelente se tivéssemos um dispositivo, um botão ou interruptor que pudéssemos acionar quando o impulso viesse. E acredite, nós temos! E, por que razão não acionamos na hora "H"? Pelo simples fato de não ser tão fácil o acesso. É preciso treino. Muito treino e inteligência emocional para isso.

Muitas vezes, conseguimos acionar um desses dispositivos com a maturidade. Sem precisar de reprogramação cognitiva, mas de muita experiência de vida. A vivência diária com o passar dos anos faz com que o cérebro faça comparações, analise as situações e tire proveito. É como se você mantivesse uma conversa com seu cérebro. Um tradicional bate-papo com ele. Faria uma análise rápida da situação, veria as consequências danosas e optaria por menos estresse e maior proveito. Tudo isso em frações de segundos.

A pessoa adulta ou idosa já passou por muitas situações de estresse, crise, decisões importantes, e foi acumulando experiências, foi aprendendo com a vida como tirar proveito e a única coisa que o cérebro dela pede é paz, tranquilidade, harmonia, viver a vida com plenitude, é quando "menos é mais". Esse é o maior significado para esse cérebro. É o que se chama de *Slow Living* - um termo inglês que significa uma vida simples, com menos velocidade, menos excessos, menos consumo. É muito mais que bem-estar e gozar de saúde.

É preciso valorizar os vínculos afetivos, priorizar o ser humano, a desaceleração, a boa alimentação, a natureza. É se permitir parar, respirar, sentir. É valorizar os recursos naturais que temos que muitas vezes não percebemos, independentemente da correria ou não da vida diária. É prestar mais atenção ao que está fazendo.

Você já parou para pensar quantas coisas que já fez sem estar de fato presente em plenitude? Ou fez coisas ou esteve em lugares onde não gostaria? Trazendo toxidade para seu cérebro, sua mente e seu corpo? Essas coisas geram sentimentos negativos que minam a saúde emocional, criando uma blindagem e o indivíduo começa a não demonstrar seus sentimentos, a falar menos sobre o que o incomoda.

Estar em ambiente tóxico (veja aqui um ambiente pesado, no qual não gostaria de estar, mas por força maior tem que estar presente, seja por conta do seu trabalho, família etc.), onde você tem a plena certeza que não vai conseguir aproveitar nada ou quase nada daqueles minutos ou horas que terá que dispor para esse evento? Pois é... já fiz muito isso na minha vida, e acredite, por deslize, ainda faço, mas cada vez menos. Diria que hoje faço o social uns 10%, e só a nível profissional.

Refém do medo

Não admito para mim que ambiente familiar tóxico interfira na minha vida. Eu simplesmente extirpei isso da minha vida, doa a quem doer. Se não me sinto bem, não estarei presente. O ideal é fazer de maneira plena, em todas as esferas da vida.

Temos que ter consciência que não precisamos agradar ao outro, mas a nós mesmos. Se não se sente bem naquele ambiente, nada nem ninguém ali vai chamar sua atenção ou vai fazer com que fique bem. Pelo contrário, o ambiente vai se tornando pesado, inóspito, inadequado e sorrir ou conversar já não fazem sentido para você. O risco de falar coisas que não deseja, ou desagradáveis e atingir uma pessoa de forma ríspida é enorme!

É preciso dizer basta! É preciso olhar mais para você, para o que sente, para o que faz, e dar uma pausa. Às vezes, é preciso se desconectar do mundo, para se ligar a ele de outra forma. O conceito *Slow Living* traz justamente isso: a desaceleração, o olhar para dentro, o sentir mais, fazendo menos.

Quando se sentir seguro de si, quando o ambiente não lhe parecer um monstro e não se tornar pesado, está na hora de começar a dar o primeiro passo e pedir ajuda para que possa falar sobre o que está o bloqueando.

As causas podem ser várias, as consequências danosas, os sentimentos de fracasso e impotência podem ser cada vez mais intensos, mas é preciso arriscar.

Veja nas pessoas tudo o que elas são e não o que parecem ser. Acredite em seus sonhos, na sua capacidade de interagir.

Não se desmotive. Seja Sol e não Planeta, mas se mesmo assim não conseguir ser Sol, então seja o melhor Planeta que conseguir ser! Esse é o "X" da questão, é a fórmula do sucesso e da felicidade, pois estará fazendo o melhor de si. Faça parte, não fique à parte! Mais um trocadilho com as palavras.

Para você conquistar algo (seja o que for), precisa estar dentro do seu negócio, seu sonho, seu objetivo, participar e, acima de tudo, acreditar!

Se mesmo assim ficar ainda apreensivo em falar, lembre-se de que apreensão não é medo! Para entender melhor isso, retrato aqui uma partida de futebol, final de Copa do Mundo, onde os dois times vão para cobrança de pênaltis. Os jogadores, goleiros, equipe técnica, torcedores, todos ficam muito apreensivos com o resultado de cada cobrança, o que muitas vezes é bom para um lado, e já não é para o outro. Nesse momento, para os jogadores, não existe medo. Eles não ficam paralisados, pelo contrário, ficam apreensivos e vão ao ataque com a intenção de fazer o gol. Essa é a diferença entre medo e apreensão: um paralisa e o outro motiva.

Certa vez, Wanderley Luxemburgo (técnico de futebol) falou que "o medo de perder tira a vontade de ganhar". O que se pode tirar de bom nessa citação? Se pensarmos assim, o medo irá imperar e corroer o movimento e sentimento positivo que houver nos seus jogadores. O gestor não pode demonstrar fracasso, medo, como algo desmotivador e sim como forma de edificar, pois aprender com os erros é nobre.

Refém do medo

É engraçado o que vou falar agora, mas entre ter medo e ser covarde, eu diria: tenha Medo! Com toda convicção. Você é capaz de entender essa minha resposta? Pelo simples fato de que o medo faz você se preservar enquanto a covardia lhe imputa um estigma de fracasso. Simples assim!

Não tenha medo de arriscar! Perder faz parte do jogo da vida. Enquanto uns ganham outros perdem. O importante não é perder ou ganhar, mas o que faço com os sentimentos gerados com cada um deles. Deve-se administrar tudo e tirar proveito! Essa é a maior e melhor questão a ser resolvida. Lembre-se de que nem tudo que o assusta ou causa medo, efetivamente lhe faz mal.

Fale, coloque para fora o que lhe causa dor, o que o machuca, o que lhe dá alegria, lhe permite ser quem você é e não pelo fato de criarem e imputarem uma couraça sobre você. Apesar da dificuldade que encontra, é preciso abrir a boca e colocar para fora o que o coração está cheio, apesar do medo.

Falar de medo me remonta à ideia de falar sobre corrida de Fórmula 1. O que será que passa na cabeça dos pilotos quando entram nos seus carros e veem acionada a luz verde do autódromo? Será medo? Afinal, irão entrar numa disputa em uma velocidade enorme, acima de 300km/h. Eles têm, fielmente, um objetivo: disputar a corrida e não sofrer acidente. Vencer é consequência. O medo pode até passar no pensamento deles, mas existe algo maior que os motiva a correr e colocar suas vidas em jogo, ou melhor, na pista. Vencer é apenas para os primeiros da fila, e para os últimos? Será mesmo que é vencer? Pense nisso.

Confie, apenas confie. É assim que irá ter forças para ir além, mover-se até aonde deseja ir.

> **"Um dos efeitos do medo é perturbar os sentidos e fazer que as coisas não pareçam o que são."**
> **(Miguel de Cervantes)**

Capítulo 13

Encontros e desencontros na relação

> A vida é cheia de encontros e desencontros. Mas também é preciso entender que existem os reencontros. O primeiro é sorte, o segundo destino, o terceiro é desejo.

Precisamos compreender que toda e qualquer relação é a comunhão entre, no mínimo, duas pessoas. A partir daí, entendemos que a união delas traz duas coisas: uma carga inata individual e outra de história de vida diferentes. Cada um vivenciou momentos, emoções, situações de vida emocional, social, familiar, profissional, estudantil, um totalmente diferente do outro. Daí em diante, nota-se que são mundos completamente diferentes e a possibilidade de dar errada essa nova união é muito maior do que a de dar certo. E, por que razão tem tanta gente que consegue sobreviver por anos em uma relação e ter uma vida emocional saudável?

Refém do medo

Será que é apenas aceitar toda a demanda do outro e se anular? Essa é a típica relação caminhando ao fracasso. Mas até que ponto você pode expor ao outro suas ideias, sentimentos, desejos, sem que o magoe ou cause irritabilidade e desgaste na relação?

Quanto você está disposto a investir na relação? Quanto você está preparado para enfrentar os altos e baixos, principalmente as crises que virão (sim, elas virão, sejam pequenas ou não)? Quanto e como você quer se esconder para o outro?

Vamos fazer um teste, responda com Sim ou Não e depois analise seu resultado:

1) Você acredita que a pessoa com quem você está é altamente sincera com você?
2) Se passar por uma crise financeira importante, acredita que sairão mais forte que entraram?
3) Você aceita muito mais que refuta?
4) Você costuma omitir coisas do(a) seu(sua) parceiro(a)?
5) Você ignora seu(sua) parceiro(a) porque não atendeu ao seu desejo ou fez algo que você gostaria de que não tivesse feito?
6) Vocês costumam brigar mais que conversar?
7) Você se acha autoritário(a) na relação?
8) Você se sente cobrado(a) na relação?

9) Você sente ciúme mais do que deveria?

10) Você costuma se desculpar pelas desavenças, brigas, que acontecem com facilidade?

Essas dez perguntas não foram citadas para se achar o que é certo ou errado, mas provocar em você meios para que possa analisar melhor a sua relação (relacionamento) e permitir que encontre maneiras de entender como se comunicar melhor e fazer ajustes eficientes e eficazes na relação. Agora, analise suas respostas e veja se consegue obter caminhos para que esses comportamentos sejam melhorados, edificando mais a afinidade de vocês, consentindo uma maior cumplicidade.

Nenhuma construção acontece sobre terreno pantanoso ou alagadiço sem antes prepará-lo para receber uma edificação. Preparar-se para uma relação é tão importante quanto conhecer a pessoa. Se você não confia, existe uma grande chance de não dar certo. O peso, com o passar dos anos, vai aumentar e a possibilidade de causar danos físicos e emocionais são altos. Sustentar uma relação tóxica, pesada, incrédula, cheia de arrodeios, omissões, insinceridades, subterfúgios, mentiras, não é saudável e mina qualquer saúde seja física, emocional ou cognitiva. Para isso, uma das partes precisa dar o basta e resolver se continuará nessa relação – deve rever o comportamento, ou se irá romper.

Refém do medo

Valorize a pessoa que você tem, não a desqualifique, senão você estará sendo desqualificado(a) também.

Às vezes, falo e ouço pessoas dizendo que a maior dificuldade é você enfrentar a si mesmo. Pode ser doloroso, difícil, mas nós podemos manipular, manobrar, reengendrar e mudar nosso comportamento, mas fazer com que o outro melhore sua conduta (porque não podemos mudar o comportamento dele, só o nosso), é uma tarefa árdua e humanamente impossível, principalmente se o outro não quiser ou não se perceber implicado.

Em um relacionamento onde se tem muitas brigas, discussões, falta de respeito, uma das partes, geralmente a mais fragilizada, poderá desenvolver comportamentos com patologias psicofísicas disfuncionais como medo de falar, se expor, Fobias, Depressão, Ansiedade etc.

Estabelecer um bom lastro emocional no início da relação e fazer com que ela seja pautada na confiabilidade, no respeito, na harmonia, na lealdade, na cumplicidade vão promover uma qualidade de vida na relação e, com isso, as partes poderão estar mais preparadas para as intempéries que a vida por acaso lhes apresentar.

Quando o casal não está junto, unido no mesmo propósito, pensando de forma a alcançar o objetivo planejado e abraçado por ambos, poderá esbarrar em um caminho mais difícil, mais sinuoso, correndo o risco de se perder na caminhada.

Faço aqui um retrato da situação que intitulo de Ponte Aérea.

Quem nunca viajou de avião, ônibus ou trem? Algumas pessoas! Mas, desse seleto grupo, parte já viu em algum filme ou novela embarques e desembarques.

Partidas e chegadas acontecem a todo instante na nossa vida e não nos damos conta de que elas ocorrem o tempo todo. Na hora de sair de casa, encontrar uma pessoa na rua ou no trabalho, na faculdade, no supermercado, na padaria etc.

São choros, alegrias, insatisfações, ansiedade, medos, tensões, abraços, beijos, apertos de mãos, tapinhas nos ombros, e muitos outros sinais que fazemos. Cada um expressando alguma emoção ao se despedir. Cada despedida terá um significado diferente para cada indivíduo.

De emoções, nós somos cheios. Mas, infelizmente, não sabemos canalizá-las da forma correta. Não tiramos proveito e terminamos desperdiçando muita energia sem necessidade.

O que dizer àqueles que choram de saudades na partida? E aos que estão viajando pela primeira vez de avião? E aqueles que têm fobia de altura? Ou ainda aos que chegam de uma longa viagem? Aeroportos e rodoviárias estão cheios de pessoas partindo e chegando. O que será que cada um leva em suas bagagens além de roupas, produtos de higiene, de informática ou livros?

O que aprenderam em seus destinos? O que guardaram em suas lembranças? Quais experiências vivenciaram com mais intensidade? Qual a bagagem emocional que cada um transporta com essas idas e vindas?

Refém do medo

Quando o casal deixa de viver a relação a dois e passa cada um a viver sua própria vida, nesse momento, começa a se dividir e a relação a enfraquecer. Começa a viver sua própria caminhada, seus sonhos individuais, mantém o foco em outra coisa e começa a se esquecer do propósito que um dia ambos almejaram juntos e, assim, a se afastarem um do outro. Se não souberem lidar com a situação, o fim da relação estará próximo e, com isso, também o fracasso do sonho que planejaram juntos um dia.

O foco deixou de ser do casal e passou a ser meramente individual.

Ficam cegos e desacreditados da possibilidade de melhoria da relação, do resgate do sentimento que um dia os uniu e despertou desejo de construírem uma vida a dois.

Saber parar, analisar, refletir sobre cada etapa em que se percebe o comportamento disfuncional é algo extremamente importante para salvar a relação. É imprescindível compreender que essa reflexão, apesar de ser para o casal, é estritamente individual, entendendo o que de fato está acontecendo com o comportamento de cada um. Colocando ali as suas insatisfações, o que lhe causa insegurança, o que é interessante rever, fazendo sua própria reflexão, colocando-se no lugar do outro (empatia), e notando o desconforto e impactos que o seu próprio comportamento causa no outro.

É bom ressaltar que, se a outra parte está comentando algo, é porque está sentindo ou percebendo. É interessante ouvir, notar, analisar o que o outro fala. Veja isso como um sinal de alerta, um *feedback*, um "eu te amo e desejo permanecer nessa relação, mas é preciso fazermos algo".

Saber acolher o comentário negativo do outro a seu respeito não é fácil, mas é extremamente saudável. Saber discutir juntos os motivos que levaram a falar sobre isso e rever seu comportamento é tarefa árdua, mas altamente recompensadora, pois estará retirando pesos, mal-entendidos, medos que cercavam a relação de vocês.

Você quer estar em uma relação pingue-pongue ou em uma relação frescobol? A primeira é competitiva e a segunda é participativa.

Eu costumo dizer que essa parte não é a mais dolorosa, porém a mais importante, pois assim o indivíduo tem condição de olhar para si e começar a se conhecer, enfrentando suas próprias dificuldades, seus medos e anseios, suas limitações que tanto quer esconder atrás de comportamentos de esquiva ou de defesa.

Analise essas duas frases a seguir, as quais são cruciais para se manter ou não na relação e reflita:

- "O que me motivou a entrar nessa relação"?
- "O que desejo com essa relação?"

Essas perguntas são altamente impactantes e libertadoras para a saúde da relação, porque fazem com que comece a rever seu comportamento e com isso possa, de fato, entender que você (não) está satisfeito(a), ou confortável nesse relacionamento.

Na maioria das vezes, quando se faz essas perguntas, tudo se clarifica e algumas relações chegam ao fim de maneira salutar ou o casal se vê mais unido e responsável, abraçando o propósito que almejou no início.

Não costumo usar os "POR QUÊS", mas "COMO", "O QUE", "PARA QUE", "QUAL".

Iniciar questionamentos com essas indagações nos leva a uma grande reflexão e, com isso, conseguimos elaborar, modelar, modificar atitudes e, na minha opinião, o mais importante: "compreender seu próprio comportamento". Perguntas como: o que posso fazer para melhorar minha atuação na relação? Como devo agir diante de uma discussão? Qual a melhor maneira para me sentir mais seguro(a)?

Conhecer a si mesmo é algo aterrorizante. Temos muitos monstros escondidos. Em alguns deles, o indivíduo briga todos os dias. Desafiar a si é algo apavorante. Queremos nos proteger sempre, custe o que custar, mas nem sempre é assim. Estar com alguém faz com que nos preocupemos com seu bem-estar e sua saúde física e mental. Se houver uma dissonância na relação, essa preocupação desaparece e dar-se-á margem à criação de resistência, causando um estressor. Com isso, esse laço poderá se romper com o passar do tempo e a dor será grande.

Aprender com os erros e se desculpar enobrece. Não os reconhecer causa dor, sofrimento, medo, assusta e aflige.

Existem casais que procuram 1000 razões para justificar as atitudes injustificáveis, enquanto outros procuram apenas uma para permanecerem unidos. Adotar uma postura mais rígida, convencional, tradicional e se esconder numa síndrome da Gabriela "eu nasci assim, eu sou mesmo assim", não irá ajudar, apenas potencializa o afastamento. É preciso desejar mudar.

A mudança assusta, porém liberta. Responda com sinceridade:

- O que o outro faz de tão importante para você se manter nessa relação?
- O quanto essa pessoa o valoriza?
- Exibe satisfação em tecer elogios a seu respeito?
- O quanto você se sente confortável nessa relação?
- Quantas vezes você quis sair dessa situação?
- Você se sente carente?
- Você é dependente financeiro?
- O que está esperando para colocar um ponto final numa relação desgastante e repressora?
- E o que está esperando para mudar a página e escrever sua própria história?

É só arregaçar as mangas e começar a mudar, afinal, Você Quer, Você É Capaz e Você Merece!

Dê o primeiro passo. Ele é o mais importante para que possa acontecer o processo de mudança, tanto interno quanto externo.

O medo que circunda a relação, na maioria das vezes, é o medo de ficar só, de ser abandonado(a), seguido do medo da dor, ou seja, de ser traído(a), de descobrir algo que o machuque. Mas entenda que esses medos só vão existir se você permitir, e se vocês não comungarem de uma relação saudável, sincera, de cumplicidade e respeito. Vejam que não citei a palavra AMOR. Simples: que tal me dizer o que representa o amor para você? Pare, faça uma reflexão e aborde o que é esse sentimento tão puro, simples e, ao mesmo tempo, tão complicado (para alguns)!

Pois, para mim, seria redundante falar em respeito, sinceridade, cumplicidade se o amor não tivesse implícito em cada gesto e sentimento desses. Eles juntos, na minha opinião, compõem o Amor. Ou seria o inverso? Fica aqui uma discussão.

Saber amar não é para os fracos, nem para os fortes, mas para os de bom coração!

13.1. Traição, ciúme e medo

Alguma vez você foi surpreendido(a) por uma crise de ciúme? Com certeza, se isso aconteceu, você sentiu o sabor de algo bem desconfortável dentro de você. Sensações de impotência, fracasso, medo, desvalia, angústia, fizeram parte do *mix* de emoções negativas que afetaram seu pensamento e colaboraram para que produzisse crenças disfuncionais a respeito de possível traição comportamental (não necessariamente sexual).

Para Ballone, o ciúme nada mais é que uma resposta emocional produzida por uma contrariedade. Deixando de ser "o mais importante" para aquela pessoa. O medo de não ser significante para o outro, de se sentir rejeitado causa desconforto, instabilidade, medo de não representar para o outro aquilo que almeja. É um sentimento negativo, mas sentir ciúme é algo natural, só não pode sobrepor aos sentimentos de racionalidade, senão modifica de forma contrária o comportamento. É interessante saber que quanto maior for a intensidade desse sentimento, mais distante ficará da normalidade, e com isso haverá perdas nas relações dificultando permanecer em algum relacionamento. Lembre-se de que quanto maior a intensidade, maior a instabilidade. O ciúme é proporcional à quebra de expectativas.

Ballone diz que "o ciúme causa mais sofrimento pelo orgulho ferido, pela mentira e a vergonha do que pela possibilidade concreta de traição". O sentimento ferido e frustrado de rejeição, infidelidade, mentiras causadas numa relação conturbada, provoca mais feridas e danos emocionais que propriamente o ato da traição.

Quanto mais sufocar as emoções, mais terá o risco de uma explosão comportamental, podendo colocar a sua vida, ou a do outro, a um risco iminente de morte. É preciso saber controlar e administrar esse sentimento, incluindo o de traição. Quando falamos nele, nos remetemos a relacionamento pessoal, mas na realidade a traição pode acontecer em qualquer esfera, seja social, profissional, religiosa ou familiar.

Muitos autores relatam que o ciúme masculino é diferente do ciúme feminino. Cada um tem uma conotação distinta. Enquanto para o homem tem uma conotação sexual, para a mulher é restrita ao campo sentimental.

Para Mullen e Martin, o ciúme nada mais é que uma desvalorização do indivíduo ciumento, que apresenta fatores negativos sobre si, como baixa autoestima, busca obsessivamente comprovações que confirmem suas crenças infundadas de que não é valorizado, querido, que não obtém atenção de quem deseja, ao tempo que se mantém refém de um comportamento equivocado, que pode comprovar seu erro por meio de evidências, mantendo-se em um comportamento e situação em que se nutre de comportamentos destrutivos e sofríveis, imaginando não ser valorizado com atitudes com visões distorcidas, tornando-se inseguro e mal-humorado.

A palavra trair traz carga negativa intensa, é algo ardil, aboiz, causa sensação de impotência, de que foi enganado(a), e o choque da realidade provoca uma ferida muito grande, tanto na intensidade quanto na dimensão. Curar o sentimento de traição é doloroso, pois tem que estar em contato constante com a situação que causou, para que possa provocar uma catarse e cicatrizar sem causar dor no futuro. O indivíduo que passa por um processo onde se vê implicado em traição, ficará machucado e terá uma práxis comportamental de sempre estar correlacionando sua vida atual com a anterior, onde sofreu o desconforto. Para que esse ciclo seja rompido, é preciso muito trabalho de conscientização e reprogramação cognitiva, fazendo com que entenda que o que aconteceu a um, não necessariamente possa acontecer novamente.

O ciúme é a consequência, na maioria das vezes, do processo de traição. Costumamos ouvir que ciúme é falta de confiança em si. É verdade, mas nem sempre. A possibilidade da falta de controle na relação pode provocar o ciúme, se o indivíduo já esteve em uma relação recheada de mentiras, brigas, omissões, traições, com certeza haverá um peso e, consequentemente, estará mais fragilizado e poderá desenvolver o ciúme.

Sentir ciúme faz parte da relação de qualquer animal. Não seria diferente com os humanos. Em dose pequena, é salutar. Temos que compreender que existe o ciúme patológico, aquele em que o indivíduo foge do seu controle e avança, perfidamente, contra a segurança do outro, custe o que custar, inclusive colocando a sua própria segurança em jogo.

É preciso compreender que existem diversas características comportamentais que constituem o ciúme como: crenças e suspeitas sem fundamento, comportamento obsessivo, perda de controle com impulso emocional importante, inspeção na vida íntima, dentre outros. Não quero aqui proteger a pessoa ciumenta, mas mostrar que, muitas vezes, esse comportamento pode ser desencadeado nela pelo comportamento do outro. Ou seja, caso esteja em um relacionamento, seu(sua) parceiro(a) omite várias coisas e mente sobre assuntos, locais, conversas etc. Não compartilha nada da sua vida com ele(a) e, aos poucos, vai se descobrindo coisas que negava antes, evita encontros sociais etc. O simples fato de estar sempre omitindo e/ou mentindo, já indica que a relação está instável. Não confia na outra parte e, com isso, o(a) suposto(a) ciumento(a) é crucificado(a). Na realidade, o manejo que deverá fazer é estupidamente desgastante, exigirá mudanças comportamentais importantes, é pedir que não se importe com a vida do outro "cada um no seu quadrado" e vida que segue. Acontece que, quando duas pessoas decidem morar juntas, casar, juntar as escovas de dentes, dividir a mesma cama, quer dizer "eu confio e quero ficar com você", se uma das partes não estiver nessa mesma *vibe*, não haverá relacionamento saudável. A não ser que "cada um cuide da sua vida", mas para isso não precisam estar juntos. A reação do ciúme precisa apenas de um gatilho, de um propósito para desencadear toda a situação instável da relação.

Tanto o sentimento de traição quanto de ciúme causam medo e dor, alterando a capacidade emocional, relacional e racional do indivíduo agir em segurança e de maneira correta, podendo desregular todo o sistema psicofísico, apresentando taquicardia, sudorese, tremor, irritabilidade, alteração de foco, da cognição, elevação da ansiedade, agressividade, podendo causar em ambas as partes atos impróprios e incompatíveis a uma vida de casal, que um dia pensaram em construir juntos. O ciúme intenso machuca, agride, fere, é um sentimento provocado e criado pelo próprio ciumento, mas que muitas vezes pode ser disparado pela manifestação comportamental da outra parte. É interessante entender que a pessoa ciumenta sofre por saber que não sabe o que a outra pessoa está sentindo com relação aos seus desejos. É aquela história de "eu sei que não sei o que eu desejo saber".

O ciúme nada mais é que uma atitude defensiva, a pessoa não está ciumenta, ela é! Só que, na maioria das vezes, a crise de ciúme é potencializada pelo comportamento perturbador do outro e pela criação paranoica da pessoa ciumenta. Eu digo que o ciúme é uma via de mão dupla, em que as pessoas estão em rota de colisão! O ciúme tem sua forma positiva, que pode melhorar a elevação da autoestima da pessoa objeto do ciúme, sentindo-se prestigiada, amada, querida, tudo na dose certa, claro!

Manter o equilíbrio e focar nas reações comportamentais é fundamental para que possa visualizar as atitudes corretas e assertivas que deve tomar naquele momento. Nesse caso, poderá fazer uso do exercício proposto no Capítulo 2, para que possa visualizar melhor o seu comportamento e melhorar sua conduta diante do estímulo estressor em que você se encontra.

O importante é manter um mínimo de equilíbrio emocional para que possa efetivar as ações de maneira adequada e apropriada.

Observe o propósito da sua afinidade com a pessoa que escolheu, o que fez você iniciar essa relação, foque nisso, converse com a outra parte, exponha seus medos, seus motivos, o que leva você a se sentir inseguro(a). Ouça, e se acaso, nada disso resolver, e de fato, não for criação comportamental (crença negativa) sua, avalie se de fato é importante se manter nessa relação estressante, que lhe causa dor, medo e insegurança.

Ninguém vive em um mar de águas tranquilas, mesmo porque, nenhum mar é assim. Os altos e baixos da relação devem existir para estimular os parceiros a se redescobrirem, se reprogramarem na relação, refletirem, identificarem pontos importantes que devem ser decididos a dois, se desnudar faz parte do jogo da relação. É exercitar paciência, tolerância, confiança, zelo, perseverança, perspicácia, é ouvir com cuidado, é ter atenção, enfim, é compreender que, quando um estiver pra baixo, terá o outro para estender o braço e abrir a mão para que possa se segurar e abraçar pelo carinho recebido nesse momento e o trazer para junto de si.

Para uma relação dar certo é preciso acreditar, confiar, se entregar, se mostrar sem medo, sem arranhaduras, sem subterfúgios, sem mentiras e com muita comunicação e troca. Assim conquistar-se-á um equilíbrio perfeito.

> "**Se não houver frutos, valeu a beleza das flores; se não houver flores, valeu a sombra das folhas; se não houver folhas, valeu a intenção da semente.**"
> (Henfil)

Capítulo 14

A mudança comportamental - o (re)começo

Todo processo de mudança significa recomeço!

O passado um dia já foi presente, isso é um fato, porém olhar para o passado e achar que era melhor que seu presente, é uma crença, pois, caso você estivesse vivenciando hoje seu passado, nesse exato momento, e olhasse para o passado anterior a esse, veria que talvez não fosse tão bom assim. Isso é coisa de nossa cabeça. Precisamos aprender a aproveitar o presente. Focamos muito no passado ou no futuro e o presente, que é o mais importante, simplesmente esquecemos. As coisas que nos proporcionam felicidade não estão nelas e sim, em nós. Essa é a primeira lição que devemos aprender para começar a modificar o comportamento e não fazer dramas.

Refém do medo

"Não espere o futuro mudar a sua vida, porque o futuro é a consequência do presente!". Este trecho da música "A Vida é Desafio" de Edi Rock - Racionais Mc's, retrata com maestria tudo o que relato, resumidamente, neste capítulo. É preciso se conscientizar para desejar (re)começar sua vida. Para isso, é necessário aceitar suas limitações, reconectar-se com o passado doloroso, resolver pendências, fechar ciclos, cortar o cordão umbilical e construir uma nova história para você. Pare de viver no passado achando que é o presente. O passado sufoca, paralisa, pelo simples fato de que é passado e nada pode fazer para o melhorar. Cure o sentimento de culpa, conscientize-se de que é preciso reescrever uma história de vida, a sua história, pautada no presente. Deseje isso para você e pare de machucar os outros revivendo passados que jamais voltarão. Levante a cabeça, diga SIM para si, construa uma caminhada mais tranquila, sem sombras, sem passados, obstruindo a energia do presente.

Dê leveza à sua vida! Se algo o incomoda, fale. Se não resolveu e continua o importunando, afaste-se. Deixe passar, mude o rumo, e até a relação, se convier. Não alimente relacionamento tóxico e pesado.

As pessoas fazem comparações entre passado e presente a todo instante, envolvendo e comprometendo seu bem-estar, sua saúde mental e emocional. A relação começa a ficar pesada e urge a necessidade de uma mudança para que possam se realinhar, se reconectar. A mudança comportamental acontece de forma gradual, muitas vezes imperceptível, seja para melhor ou pior. Querer mudar é um ato de desejo, porém é preciso ter consciência. Sem ela, não há desejo que perdure. Será por meio da consciência que o indivíduo terá que enfrentar algumas barreiras, a maioria emocional e, assim, permanecer com o desejo de mudar. É necessária muita disciplina, paciência, perseverança e, acima de tudo, consciência e desejo de apontar vários dedos para você mesmo(a) e pressionar a ferida. Provavelmente você irá evitar, mas será imprescindível para se libertar e conquistar a tão sonhada mudança.

O maior erro é quando queremos encontrar a felicidade onde não existe – nas coisas! A felicidade é um sentimento, está dentro de nós! É preciso se conscientizar disso.

Muitas pessoas buscam exaustivamente pela felicidade, e não encontram. Terminam aceitando algo como verdade e cobrindo com uma máscara de falsa felicidade para não se permitir permanecer nessa busca exaustiva e dolorosa. Atualmente, encontramos muito nos perfis das redes sociais – tem que estar bem, demonstrar posses, passeios, sorrisos atrás de uma aprovação social, e escondem uma pessoa sofrida e insegura. É interessante entender que todos nós temos momentos difíceis e é preciso aprender com eles. Infelizmente, algumas pessoas focam em ocasiões com amarguras, com atitudes negativas, permitindo que os pensamentos inoportunos tomem conta e tenham corpo, fazendo com que se escravizem, fiquem refém de si mesmos. É preciso focar na construção de uma vida emocional equilibrada.

Refém do medo

Os indivíduos se mostram tão absortos em cumprir determinadas situações que muitas vezes são impostas por eles mesmos, conferindo a cada um o dever de pertencer a um grupo específico de padrão, que também é atribuído por suas convicções e crenças em que, depois de um tempo, se sentem presos, acorrentados e não conseguem se libertar, ficando a cada ocasião mais emaranhado na teia que construiu, e perdem seu foco.

É preciso desemaranhar, romper com determinados paradigmas e compreender que sem eles também se consegue viver, e muito bem!

Viver é uma palavra simples, mas sua essência é complicada, às vezes, por nós mesmos. Essa simples palavra está retratada em diversas músicas. Elas nos fazem suspirar, refletir, se emocionar, agir. Raul Seixas em sua bela canção "Tente outra vez", nos mostra que é preciso ter fé, acreditar e começar novamente, mesmo se sentindo caído. Quem nunca se emocionou e se sentiu motivado ao ouvir a música instrumental "Tema da Vitória" que foi consagrada como o Hino do nosso tricampeão brasileiro de Fórmula 1 – Ayrton Senna! Já a música "Anjos" – do Rappa, demonstra que para "quem tem fé, a vida nunca tem fim", apesar dos desafios que enfrentamos diariamente. Saber viver já é um desafio, seja uma vida sofrida, animada, com brilho e paetês, ou com pés no chão, empoeirados e calejados. Desafiar a si mesmo é um começo importante. O melhor da vida é onde você está, e fazer o que deseja fazer com aquilo que tem. Pare de falar que o limão é azedo, faça uma limonada, delete o que há de ruim e ressignifique, veja o que pode fazer de melhor nos momentos que despertam à sua frente, não se perca nos azedumes da vida! Seja feliz, tenha fé que o melhor irá acontecer porque você deseja e é capaz de fazer acontecer. Seja leve!

A canção "A Festa", de Ivo Mozart, consegue retratar o que de fato precisamos fazer para iniciar o processo de desintoxicação desse ambiente inócuo, distante, mas ao mesmo tempo cheio de emoções intranquilas que terminam nos desestabilizando, rompendo e rasgando nosso ser de forma lasciva, pois aceitar o fato de que esse é o caminho correto a ser seguido e ter que abrir mão daquela situação que criamos e acreditamos ser o bom, belo, correto e moderno para ser aceito naquela sociedade que também, na maioria das vezes, não nos pertence, é muito difícil.

O trecho diz: "não temos tempo a perder, não. Só temos tempo pra nos divertir. Hoje a regra é aproveitar e ser feliz. Ser feliz, sorrir e acreditar, fé na caminhada pra enfrentar nossos medos e as sensações, nossos sonhos movem os corações".

Se puder ouvir cada música que relatei neste livro, poderá saborear cada sensação que elas podem transmitir e, assim, fazer suas reflexões.

Refém do medo

É importante deixar as preocupações de lado, o medo, as opiniões dos outros e manter o foco em ser feliz, sempre aprendendo com os erros e tirando lições positivas deles.

Aceitar essa nova condição de estilo de vida vai muito além de simplesmente mudar, fechar os olhos, dizer para si: eu vou ser uma nova pessoa a partir de hoje. Isso, por incrível que pareça, é difícil, não é libertador inicialmente, e é sem dúvida castrante, desafiador e, pior, pode bloquear qualquer tentativa de mudança que desejar executar. É preciso muita conscientização e uma caminhada longa de projetos, aceitação e desejo de mudar.

Como diz o Roberto Carlos, em sua música cantada por Lulu Santos "É Preciso Saber Viver": toda pedra no caminho você pode retirar, então, se reprograme para isso. Entenda seu comportamento, esteja disposto(a) a provocar mudanças significativas na sua vida que poderão impactar em você e nos outros, de maneira positiva.

A proposta é ótima, é correta, e é preciso dar cumprimento. A questão está na maneira que se deve efetuar essa mudança. Para isso é preciso ter foco, e planejamento, é necessário estipular metas, despertar o desejo de mudança. Aceitar mudar e recomeçar é uma tarefa um tanto desafiadora e começa o desafio com você mesmo(a).

Faça a seguinte pergunta a você: eu quero mudar? Seja o máximo sincero(a) possível. Se você percebe que algo no seu comportamento o incomoda, então é justo consigo mesmo(a) o processo de mudança. Se você nota, mas já se acomodou com a situação, você deve refazer a pergunta e dessa vez se referir ao outro: o outro quer que eu mude? Ou o que o outro quer que eu mude? Se o outro demonstra alguma insatisfação ou dor na expressão do seu comportamento para com ele, então é necessário mudar.

Não precisa mudar porque o outro deseja, mas porque é importante para você e também para não machucar a pessoa que está próxima. É preciso entrar em processo de empatia para que se tenha um relacionamento saudável seja pessoal, profissional ou social.

É preciso manter um comportamento o mais limpo e leve possível para que possa enfrentar as adversidades da vida com mais intensidade, confiança e desejo de alcançar suas metas, seus objetivos e sonhos.

Na música de Paulinho Moska – "Tudo Novo de Novo", ele diz: vamos começar colocando um ponto final, pelo menos já é um sinal de que tudo na vida tem fim. Em uma simples frase, ele disse a mais pura verdade! Coloca a importância do recomeço após sofrer uma desilusão, apostando num futuro melhor, sem medo, com confiança de que tudo vai dar certo. Além disso, nos mostra que as dores podem ser superadas. E não é verdade?

A vida não é tão simples, mas também não é muito complicada, nós é que a colocamos nesse patamar.

Como pode notar, além de gostar muito de música, sou uma pessoa altamente sensível e que vê sentido em tudo na vida. Seja de forma positiva ou não. É verdade que é muito difícil alguém me ver chateada por muito tempo, pois aprendi, com a vida, a me reelaborar, ressignificar o tempo todo e a me questionar, refletir com o que há por detrás daquela situação dolorosa, incrédula, infeliz, insensata, angustiante, ou quaisquer outras palavras negativas que surgirem. Técnica infalível – ouvir música! Utilizo para me reelaborar, assim me sinto energizada, mais confiante, tranquila e equilibrada.

Não é à toa que este livro contém trechos de músicas, poemas, pensamentos. Vejo razão, vida e reflexão em quase tudo.

Muitas vezes sou vista como antipática, inteligente, competente, metida, intelectualizada, atenciosa, carinhosa, misteriosa, ridícula, chata, sincera, comunicativa, enfim e daí? Isso mesmo: e daí? Não precisamos nos mostrar para o outro e criar uma máscara para sermos aceitos. Seja você, curta-se, faça o que gosta e faça bem feito. Comece se destacando dos outros, para isso, obtenha conhecimento, seja ético(a), cuide de você e do outro como deseja ser tratado, faça o seu melhor acontecer! Você será notado(a) pelos seus esforços sem necessariamente ter que postar coisas em perfis de redes sociais para ser visto(a) e aceito(a). De repente, os holofotes se voltarão para você e se destacará dos outros com muita tranquilidade. Já dizia Carlos Wizard Martins: "quando fazemos o que gostamos, trabalho não é trabalho. É uma fonte de satisfação e realização".

Eu me gosto, eu me curto, e me sinto bem. Perdoem-me a expressão, mas não cabe outra, a não ser: "F * DA-SE!" para o que os outros pensam ou deixem de pensar a meu respeito. Isso mesmo!

Vamos lá, seja sincero(a) nesse exato momento e escreva abaixo cinco coisas das quais você não abre mão, em hipótese alguma, para realmente ser feliz e ter uma vida plena. Coisas plausíveis de serem alcançadas e realizadas, com seu próprio esforço. E nada de ser a médio ou longo prazo. É para curto ou curtíssimo prazo. Talvez entre um a dez dias. Como se você tivesse ganhado essa oportunidade na sua vida. Lembre-se de que são coisas da sua responsabilidade. Não seja genérico(a). Nada do tipo: felicidade dos filhos, ou vê-los se formarem ou serem bem-sucedidos profissionalmente. Essas coisas não cabem a você, e sim a cada um deles.

_____
_____
_____
_____
_____

Quantas vezes em duas semanas você realizou isso? Se conseguiu realizar todas, nas duas semanas, ótimo! Se conseguiu realizar só em uma semana, pare para cuidar mais de si, e se não conseguiu fazer, pare tudo e faça, é sinal de que você não está cuidando de você. Tenha disciplina para conquistar o que deseja, afinal como diz Jim Rohn, "sonhos te fazem começar e disciplina te faz continuar".

Lembre-se de que o sofrimento nunca é em vão. Aprendemos sempre com ele. Tire o melhor proveito e curta sua vida da melhor forma! É hora de mudar!

A vida sempre lhe oferece uma nova chance, abrace-a!

Capítulo 15

Enfrentando e vencendo o medo

> "Medo se vence com segurança."
> **(Hermógenes)**

Enfrentar o medo requer desafios e o primeiro é desafiando a si mesmo(a). Quanto mais o enfrentar, menos o temerá. É preciso libertar-se dele. Não podemos permitir suas ameaças. Quanto mais permitir a ele avassalar sua vida, mais ele tomará conta e mais o paralisará. Enfrentar é a palavra-chave para tudo na sua vida.

Quanto mais tivermos medo, ele mesmo se tornará pior. Relaxar é outra palavra importante para enfrentá-lo. Existe diferença entre ter e sentir medo. Sentir medo é preciso para sobreviver, mas ter medo é prejudicial à sua saúde.

Uma técnica muito boa é visualizar a situação, você enfrentando a situação difícil que lhe causa pavor e verificar as possibilidades de reações e comportamentos assertivos que poderá demonstrar.

Refém do medo

Poderá também exercitar a respiração. Essa técnica é infalível para deixar você mais tranquilo(a) quando se expor ao estímulo estressor. Focar também fará você permanecer nos seus propósitos, não permitindo dissociar. Permita-se o contato com o objeto ou situação fóbica estressora de maneira gradual, promovendo uma dessensibilização. É preciso também observar o outro que não tem medo exacerbado e sabe lidar com uma situação similar à sua, assim poderá promover uma segurança para poder enfrentar o medo que existe dentro de si.

Nada disso irá funcionar se você não desejar fazer e se não confiar em si e nos seus propósitos.

No início deste livro, deve ter feito o exercício proposto em que você tinha que expor seus medos e se havia possibilidade de mudar ou melhorar aquele comportamento. Você agora fará o mesmo exercício, só que dessa vez vai anotar os medos que ainda não conseguiu eliminar (daqueles da sua relação feita anteriormente), e em seguida vai verificar se ainda consegue de fato melhorar seu comportamento, devendo assinalar na coluna correspondente. Se acaso houver novos medos, marque na outra coluna. Depois, verifique se você se sente mais seguro(a) para enfrentar esses novos medos (com certeza aparecerão mais, afinal, somos humanos!).

Medos	Capacidade de mudar, melhorar	Medo Novo?
_____	☐	☐
_____	☐	☐
_____	☐	☐
_____	☐	☐

Relate aqui como foi sua experiência ao ter que enfrentar a si mesmo(a) para conseguir suplantar alguns medos. Deixe sua mente aberta, seus sentimentos livres de julgamentos, não se cobre, permita-se descrever o que sente, suas emoções, sentimentos, suas conquistas. Não tenha vergonha de se expor!

_____
_____
_____
_____
_____
_____
_____
_____
_____

Refém do medo

Como você se sentiu? Está mais preparado(a) para suplantar as dificuldades, os medos e os temores que surgirem na sua vida? Sente-se mais leve, mais confiante?

A fé e a coragem irão fortalecer você.

Palavra final

O passado deixa sempre um legado, seja bom ou ruim. Saber aproveitar essa nobre experiência é mais importante que recordá-lo. Saber lidar com suas limitações é o início de uma grande caminhada.

O tempo me ensinou a todo instante. A minha cabeça não consegue ficar ociosa. Desistir de lutar, jamais! Isso nem passa por minha lúcida consciência (pleonasmo mesmo). Assim como deixar de amar o que ou quem gosto para seguir adiante.

Às vezes pronuncio palavras duras, mas sempre sinceras. Já fiz amigos, possíveis inimigos, já chorei, dei gargalhadas, já viajei só e acompanhada, já bebi além da conta, nunca fumei. Já mudei de casa, cidade e país, fiz novas amizades e algumas se perderam no tempo e na distância. Tiro ensinamento para a vida nas mínimas coisas que se apresentam aos meus olhos.

Refém do medo

E se tirarem os meus olhos?! Ora, simplesmente uso minha imaginação! Imagino as coisas e aproveito a vida com todas as coisas que já vi e conheci e vou continuar aprendendo. Vida que segue!

A vida é dinâmica! Uma estrada sinuosa em que jamais devemos fechar completamente os olhos, mas nos manter vigilantes sempre! Para conseguir chegar ao objetivo estipulado!

Tenho certeza de que, quando a minha morte chegar, também não me fará parar. Sendo exemplo de vida, de conquistas para pessoas positivas e para aquelas invejosas e negativas, serei exemplo de fofoca, deboche, ou sei lá o quê...rs. O importante é que, bem ou mal, estarão falando de mim, e com isso lembrando das coisas que provoquei em cada uma delas! Esse é o meu legado! Vai passar de geração em geração! Fiz escolhas assertivas na minha vida. Tive medo, mas era preciso escolher, pois pior do que não escolher é ficar na dúvida.

Deixo aqui uma dica valiosa: ressignifique sempre! Respeite o próximo. Sorria de tudo, incluindo suas próprias mazelas. Se deu errado, aprenda com isso. Não perca tempo se chateando com futilidades. A vida é um sopro e de repente... se vai.

Medo?! Pra quê? Só para se manter vivo. Pense nisso!

Um abraço recheado de confiança para você.

Até breve!

Suzana

Referências

1. BALLONE, G. J. *Histórias de ciúme patológico: identificação e tratamento.* Barueri, SP: Manole, 2010.
2. _____. *Da emoção à lesão.* 2. ed. Barueri: Manole, 2004.
3. RODRIGUÉZ, C. *Empatia: cognitiva, emocional e compassiva.* Disponível em: <https://cutt.ly/gsdcF69>. Acesso em: abr. de 2020.
4. SHINYASHIKI, R. *A coragem de confiar.* São Paulo: Gente, 2004.
5. ABREU, C.N.; TAVARES, H.; CORDAZ, T.A. *Manual clínico dos transtornos do controle dos impulsos.* Porto Alegre: Artmed, 2008.
6. BUSS, M.D. et al. *A paixão perigosa.* Rio de Janeiro: Objetiva, 2000.
7. SANTANDREU, Rafael. *Pare de fazer drama e aproveite a vida.* Rio de Janeiro: Sextante, 2014.
8. ROSNER, Stanley; HERMES, Patrícia. *O ciclo da autossabotagem.* 11. ed. Rio de Janeiro: Best Seller, 2013.
9. BUSSE, S. R. (organizador). *Anorexia, bulimia e obesidade.* Barueri, SP: Manole, 2004.
10. SILVA, A. B. B. *Corações descontrolados: ciúme, raiva, impulsividade – o jeito borderline de ser.* Rio de Janeiro: Objetiva, 2012.
11. BATALHA, R. *O medo: o controle em suas mãos: no esporte e nos negócios, superar o medo é fundamental.* São Paulo: Saraiva, 2010.
12. ARAÚJO, R.C. (Organizadora). *Mente em músicas.* Curitiba: UFPR, 2010.

13. MULLEN, P.E.; MARTIN, J. *Jealousy: A Community Study.* Brit Journal of Psychiatry, 1994;164:35-43.

14. *Manual diagnóstico e estatístico de transtornos mentais* [recurso eletrônico]: DSM-5 / [American Psychiatric Association; tradução: Maria Inês Corrêa Nascimento ... et al.]; revisão técnica: Aristides Volpato Cordioli ... [et al.]. – 5. ed. – Dados eletrônicos. – Porto Alegre: Artmed, 2014. Disponível em: <https://cutt.ly/7sdvnd2>. Acesso em: mai. de 2020.

15. PENSADOR. *Frases.* Disponível em: <www.pensador.com>. Acesso em: abr. de 2020.

16. O RAPPA. *Anjos pra quem tem fé.* Disponível em: <https://cutt.ly/OyOktoI>. Acesso em: jun. de 2020.

17. NASCIMENTO, L. F. *A Sociologia Digital: um desafio para o século XXI.* Sociologias, Porto Alegre, ano 18, n 41, jan/abr 2016. Disponível em: <http://www.scielo.br/pdf/soc/v18n41/1517-4522-soc-18-41-00216.pdf>. Acesso em: 10 de jun. de 2018.

18. MOZART, Ivo. *A festa.* Disponível em: <encurtador.com.br/kHIY6>. Acesso em: jun. de 2020.

19. SEIXAS, Raul. *Mais uma vez.* Disponível em: <https://cutt.ly/syOc0aE>. Acesso em: jun. de 2020.

20. MOSKA, Paulinho. *Tudo novo de novo.* Disponível em: <https://cutt.ly/8yOWYMc>. Acesso em: jun. de 2020.

21. CARLOS, Roberto. *É preciso saber viver.* Disponível em: <https://cutt.ly/uyOWSxt>. Acesso em: jun. de 2020.

22. ROCK, Edi. *A vida é desafio.* Disponível em: <https://cutt.ly/EyOWHWd>. Acesso em: jun. de 2020.

Suzana Lyra

Neuropsicóloga Clínica, Perita, especialista em Dificuldades de aprendizagem, Comportamento e Demências, Investigação Forense e Perícia Criminal. Pós-Graduada em Gestão de Empresas, Reabilitação Cognitiva, Psicomotricidade, Psicopedagogia, Geriatria e Gerontologia, com extensão em Clínica Neurológica pela Faculdade de Medicina da UFBA. Estudante do curso de Libras.

Palestrante nas áreas de Transtornos Emocionais, do Humor e Comportamento. Desenvolveu trabalhos voluntários nos ambulatórios de Psiquiatria do HUPES (Hospital das Clínicas de Salvador) e de Neurologia na Fundação de Neurologia e Neurocirurgia – Instituto do Cérebro.

Refém do medo

Habilitada COGMED, Desenvolve Reabilitação Neurocognitiva, Estimulação Cerebral com Idosos e pacientes que sofreram AVC, TCE e apresentam quadro com indicação de neurocirurgia e aqueles com Declínio Cognitivo, Dislexia, Autismo e TDAH. Especialista em Avaliação Neurocognitiva com crianças, adolescentes, adultos e idosos. Desenvolveu trabalhos motivacionais, comportamentais, PNL e *Coaching* junto às áreas de Gestão de RH, Supervisão e em diretoria de grandes empresas nacionais. Presidente do CBDH, palestrante em grandes eventos e Congressos voltados para Administração, Psicologia, Neuropsicologia, RH, Geriatria e Gerontologia.

Escritora, Coautora do *best seller Coaching mude seu mindset para o sucesso – vol. II – Coaching na Gerontologia*. Participação em TVs e Emissoras de rádio locais e de outros Estados. Escreve artigos voltados à Saúde do Idoso em revistas especializadas. Responde dúvidas de internautas em *sites* voltados para a Saúde Mental.

Sócia da Clínica Via Humana. Nas horas vagas, tem como *hobby* pintar telas a óleo, reunir-se com amigos, dar boas risadas, ficar com a família e viajar.

E-mail:
livrorefemdomedo@gmail.com

Este livro foi composto nas tipologias Adobe Garamond
Pro e Futura MdCn BT. Impresso pela gráfica Editora
Evangraf em novembro de 2020.